Espinhos do Silêncio

Rosa DeSouza

Espinhos do Silêncio

MADRAS

© 2017, Madras Editora Ltda.

Editor:
Wagner Veneziani Costa

Produção e Capa:
Equipe Técnica Madras

Revisão:
Jerônimo Feitosa
Maria Cristina Scompanini
Ana Paula Luccisano

**Dados Internacionais de Catalogação na Publicação
(CIP) (Câmara Brasileira do Livro, SP, Brasil)**

DeSouza, Rosa
Espinhos do silêncio / Rosa DeSouza. -- São Paulo :
Madras Editora, 2017.
ISBN: 978-85-370-1054-9

1. DeSouza, Rosa, 1946- 2. Literatura portuguesa 3. Superação - Histórias de vida 4. Violência contra mulheres I. Título.

17-02579   CDD-808.00846

Índices para catálogo sistemático:
1. Narrativas pessoais : Literatura   808.00846

É proibida a reprodução total ou parcial desta obra, de qualquer forma ou por qualquer meio eletrônico, mecânico, inclusive por meio de processos xerográficos, incluindo ainda o uso da internet, sem a permissão expressa da Madras Editora, na pessoa de seu editor (Lei nº 9.610, de 19/2/1998).

Todos os direitos desta edição reservados pela

MADRAS EDITORA LTDA.
Rua Paulo Gonçalves, 88 – Santana
CEP: 02403-020 – São Paulo/SP
Caixa Postal: 12183 – CEP: 02013-970
Tel.: (11) 2281-5555 – Fax: (11) 2959-3090
www.madras.com.br

Agradecimentos

Ainda temos de inventar palavras que possam refletir o tanto que agradeço a meu marido, Aguinaldo José de Souza Filho, por toda a sua paciência e apoio, forças que evidentemente só um grande amor pode sustentar.

Agradeço também a duas pessoas que muito admiro, a psiquiatra dra. Ana Paula Werneck, pelo prefácio tão rico e sensível, e a psicóloga dra. Íria Sulser, pelas excelentes notas tão pontuais.

Índice

Prefácio 9
1 – Quem Foi Meu Primeiro Estuprador? 15
2 – Seguindo os Passos da Mãe 39
3 – Tão Protegida, Tão Vulnerável 69
4 – Não à Autopiedade 93
5 – A Autoestima Tem de Suplantar o Medo 105
6 – O Rejeitado Tem de Ser Amado 139
  LGBTT (Acrônimo para Lésbicas, Gays, Bissexuais, Transgêneros e Travestis 141
A Cultura Heterossexual Masculina é Homoafetiva 144
Anima/Animus 146
Química 147
Leonardo da Vinci 151
Projeção Psicológica 153
Misoginia e Homofobia 154
7 – Protagonismo Feminino 173
8 – Da Fênix Renascem Deusas 193
Mulher, Quem És? 203

Prefácio

A cada onze minutos uma vítima... E para cada vítima uma destruição que não termina em si, atinge muitos que a cercam... Talvez, mesmo, seja ainda pior. O corpo, nosso templo, violado, tira da alma o sossego que nele buscamos. Sujo, contaminado, insignificante, o nada, e na maioria das vezes o silêncio que se segue para sempre. São esses os sentimentos que marcam o estupro. Caminhar por essas lembranças é com certeza estar cercado de dores, cicatrizes e medos. Por outro lado, precisa estar imbuído de muita força e vontade de mudança para se desnudar diante do leitor.

É com essa garra, com essa determinação de se fazer ouvir, que iremos percorrer a vida, narrada pela própria dona da história, desses momentos e de tantos outros que a marcaram e fizeram de sua a nossa vontade de um povo mais tolerante e de mais amor. Rosa DeSouza será nossa personagem principal e é, por meio de seus olhos atentos, de uma mente ágil e habilidosa e de um coração apaixonado, que iremos percorrer um pouco de sua mocidade em Portugal, onde nasceu. Iremos também acompanhá-la em suas passagens por Paris, Saint-Tropez, Túnis – capital da Tunísia – e Estados Unidos. Dramas de uma mãe tolhida e reclusa que rompe com tudo que se espera de uma dona de casa e sai em busca de sua realização. O custo alto, o distanciamento dos filhos, não perdoa, mas também não a impede de seguir adiante e conquistar seu espaço em um mundo ditado fortemente por homens.

Ao longo de sua vida, Rosinha, como é conhecida entre os amigos, dá voz à esperança. E no livro iremos encontrar essa presença tão marcante, tão sua! E que também está presente em outras de suas obras literárias. Sua real tristeza e pesar são notados quando perde a possibilidade de dar esperança de uma vida melhor a uma criança desconhecida e vítima de abuso, episódio nauseante ocorrido quando morava nos Estados Unidos e que deixou sua marca.

A autora instiga o leitor a buscar enfrentar o medo e seus preconceitos; a lutar contra a violência – todos os tipos de violência – e contra a perversidade presente em toda a sociedade na esperança de um mundo com mais amor. Privilegiada eu, de poder estar próxima, de conhecer o coração de quem lhes escreve, de ser uma das primeiras a ler sua história, escrita de maneira clara e tão sensível, com uma linguagem rica e muitos detalhes históricos e culturais. A sensibilidade começa pelo título, que me tocou assim que o li, e desejei naquele instante me debruçar sobre suas palavras. Sua paixão e revolta presentes em todo o percurso irão contagiar os leitores distantes desse horror. E com certeza irão tocar fundo na alma calada de tantas mulheres e homens que sofrem em segredo e carregam dentro de si a marca da violação. Estejamos sempre atentos às palavras da autora: "os milagres vêm de seu próprio Poder Interno"; a chance de mudança encontra-se não fora, e sim dentro de cada um de nós.

Doutora Ana Paula Werneck, psiquiatra

*A todas as mulheres e homens
deste planeta tão triste.*

Nota da autora: Neste livro inseri vários parágrafos dos meus livros *O Segredo Além do Pensamento* e *Testiculos Habet et Bene Pendentes*, este último também com o título *A Outra História da Humanidade* na segunda edição lançada pela editora do Conhecimento, São Paulo. Foi uma decisão tomada no intuito de melhor registrar ou cinzelar a ideia única que tenho sobre este tema. Os livros anteriormente indicados não tratam do mesmo assunto, mas têm um ideal comum: a evolução individual e da humanidade não pode acontecer enquanto a mulher e o homem não conviverem na harmonia de um profundo respeito, admiração, aceitação da individualidade de cada um e verdadeiro amor.

A tragédia humana não é a nossa humanidade, mas a ignorância que nos leva a permitir que nos desumanizem.

Capítulo 1

Quem Foi Meu Primeiro Estuprador?

"O estupro é... um processo consciente de intimidação através do qual todos os homens mantêm todas as mulheres debaixo do medo."
Susan Brownmiller

No dia em que decidi escrever este livro, no espaço da eternidade que comporta um milionésimo de segundo, passou na minha mente usar um pseudônimo. Todavia, isso não foi mais do que uma daquelas quimeras que atravessam o pensamento como um avião a jato com ideias que não são nossas, mas, sim, o resultado da pressão a que a mente coletiva nos obriga.

Nesse mesmo dia, eu tinha visto no noticiário nacional do Brasil uma menina de dezesseis anos que havia sido estuprada por vários homens, diziam até que poderiam ter sido mais de trinta. O impressionante é que dois deles – um era jogador de futebol – estavam rindo e olhando diretamente para as câmeras, exibindo-se sem medo e até presumindo algum orgulho, enquanto a menina abusada, estuprada, violada, humilhada e magoada encontrava-se totalmente coberta por uma capa preta, além de estar rodeada por várias pessoas que a escondiam das câmeras. Ela tinha vergonha de si mesma em virtude do que outros lhe tinham feito. Sim, a mulher ao ser violentada sente-se suja, enxovalhada, vilipendiada sai do seu centro e, nesta sociedade hipócrita em que vivemos, ela acaba por se envergonhar como se tivesse alguma culpa do crime do qual é vítima. No caso dessa menina, diziam que ela tinha de se esconder por ser menor de idade. Enquanto isso, os malévolos, os culpados, os criminosos, erguem a cabeça sobre uma coluna sem espinha mostrando a sua virilidade de mente atrofiada, muito inferior à condição animal. Alguns insinuaram, outros afirmaram, que tudo foi permitido, um ritual, um ápice do limite, uma dádiva ao deus do bairro da lata, um grito que desumanizava uma oportunidade que demitia milhares de vidas de qualquer valor. Se não foi um estupro em massa no Rio de Janeiro, todos sabemos que poderia ter sido na Índia, no Afeganistão, no Nepal, no Alasca, algures na África, nas Américas, nas terras de Gengis Khan, de Estaline, no meio do mar humano, no centro da Terra, no mais profundo dos abismos, no inferno que criamos todos os dias.

Tendo eu consciência dessa trama cultural, suas origens e implicações, em que o culpado e a vítima, as trevas e as lágrimas, se presenteiam com a tragédia e a solidão um do outro, como me poderia permitir fazer o mesmo ao esconder-me por trás de um nome fictício ou pseudônimo? Eu não tenho de me esconder com vergonha das minhas palavras, da minha verdade, da minha vida, pois não fui a criminosa dos meus estupros, mas, sim, a misoginia da nossa sociedade. Alguns poderiam dizer, "pelo menos para defender a família da vergonha", pois eu sei que muitos assim falam, os mesmos a quem devemos a defesa desta sociedade absurda, sejam homens ou mulheres. Digo isso pois sempre me sinto na obrigação de lembrar que, enquanto acusarmos apenas os homens de estupro, nunca terminaremos com o abuso e a violência contra a mulher. Durante esse tempo em que nos escondermos da realidade e sentirmos a vergonha que só o criminoso deve sentir, chegando ao ponto de nos ocultarmos por trás de uma manta ou um nome fictício, só contribuímos e alimentamos a covardia desta cultura tão devassa na sua puritana hipocrisia. Ao sermos um reflexo daqueles que mantêm a secular maneira de pensar, não passamos de uma centelha de ódio em lugar de derramar o fulgor do amor. O mal não se combate com ódio, mas com a racional procura por soluções que não sejam apenas remendos, as quais, por mais drásticas que aparentem ser, permitam abrir a consciência para o que é diferente, pois só assim poderemos sair da mesmice que só leva ao abuso e à violência. Tudo o que é degradante deve ser combatido com o contrário daquilo que pretende incutir, com dignidade, inteligência e perspicácia, além da união do que tantos pretendem desunir.

Eu jamais tinha pensado em escrever sobre este assunto e, muito menos, sobre minha própria experiência, mas não resisti diante da revolta que senti quando naquele dia assisia ao noticiário. Não sou psicóloga nem psiquiatra, apenas sou um ser humano que infelizmente tem alguma experiência nesse assunto, além de muito ter estudado e escrito sobre a história da mulher e do patriarcado. Como me atrevo? Eu transito dentro da razão e da sensibilidade com toda a paixão da minha alma. A psiquiatra Ana Paula Werneck, que escreveu o prefácio, e a psicóloga Íria Sulser, que fez comentários ao longo do livro, duas pessoas excepcionais, nos apresentam percepções e noções do lado científico. Assim, o leitor encontrará a ciência e a experiência unidas na vontade de levar uma tentativa de alerta e algumas soluções ao coração de alguns.

Esse caso de estupro que vi na TV suscitou imensos debates, discussões e preleções no mundo inteiro, mas ninguém parece ter visto o que eu vi. Um dos rapazes ainda foi criticado por estar sorridente, mas o real drama e a crueldade daquele quadro escaparam a uma análise verdadeira. Uma mudança estrutural e radical precisa desafiar e combater a mentalidade obsoleta de uma sociedade patriarcal, machista e hipocritamente puritana.

A vítima ainda se tapa, ainda tem vergonha de ser vítima, como a mulher árabe que é estuprada passa a ser tida como a causadora do crime, por ter incutido lascívia nos instintos dos *"pobres homens"*, e por tal *"pecado"* pode ser apedrejada até a morte, ser chicoteada ou recambiada para a casa de seus pais em total desonra. Enquanto isso, os culpados, os que se comportaram como nem um animal seria capaz, vangloriam-se e andam de cabeça erguida, destapada e pendurando sorrisos obscenos em seus rostos fétidos e repugnantes. O que isso significa? Se, afinal, a mulher passa a ser a acusada ou transgressora por ter provocado aquilo de que foi vítima em razão da total irresponsabilidade do homem, ou porque vai para a balada tarde da noite, ou porque se veste de certa maneira, ou porque teve filhos cedo demais, ou porque tinha uma atitude provocadora, quem assim a acusa ou abusa por esses mesmos motivos está afirmando que a mulher lhe é muito superior, pois mostra com suas queixas que não tem controle, consciência ou capacidade para assumir a responsabilidade de seus próprios atos, e ela pode ter não só por si como também pelos outros. Por outro lado, modelos nuas ou quase nas capas de revista, na TV, nas passagens de modelos, nas praias, nas ruas de qualquer cidade durante o verão também seriam provocadoras? Será que a indústria alimenta e incita ao estupro com permissão do Estado e da sociedade – os quais depois do ato consumado pegam no martelo acusatório e condenam a estuprada? Fazemos parte de uma sociedade alienada com sexo, mas dirigida por dogmas que nos tentam transformar em seres assexuados? Então, por que a mulher tem de tapar o lindo e útil seio que amamenta os filhos se o homem anda com seus mamilos inúteis destapados na presença de crianças, velhos, mulheres e homens sem suscitar qualquer objeção? Isso tudo vem da sociedade fundada no patriarcado tão defendido pela mulher hipocritamente puritana e de mente lavada a ponto de condenar a si mesma. A cultura foi fundada em paradigmas nos quais o pragmatismo leva a mulher a ser quem policia as suas iguais com suas críticas para o bem da continuação do *status quo* do patriarcado. É urgente sair da caixa e mudar o paradigma. Não podemos nos permitir a ter mais do mesmo. Tudo tem de ser desconstruído. Tudo.

> **Nota da psicóloga Íria Sulser:**
> Há necessidade de formação de novos valores e relações sociais. Se houver igualdade entre homens e mulheres, pretos e brancos, respeito ao ser humano de qualquer idade nos novos valores, as relações sociais se sobressairão pelo afeto em relação ao poder; também devemos sempre lembrar que laços consanguíneos não asseguram o amor.

Este livro também não vai seguir a regra comum de introdução, trama e conclusão. Talvez tenha mais do que uma introdução, várias tramas e múltiplas conclusões, mas com certeza oferecerá uma solução até aqui impensável para muitos. Nesta trama do primeiro capítulo, pretendo mostrar ao leitor como os verdadeiros dramas, os quais por muitos anos, mesmo séculos e milênios, temos olhado como direitos adquiridos, ou algo comum, como favas contadas – e por isso passamos por cima sem nos darmos conta da crueldade inserida em cada palavra, movimento, ritual, sorriso ou lágrima. Aprendi que grandes tragédias se tornam quase invisíveis enquanto se desvanecem na simplicidade e até mesmo no respeito, amor e uma certa beleza ritual que todas as tribos precisam incluir em suas regras sociais como elementos para que possam subsistir à crueldade das suas tradições. Aprendi também que muitas vezes temos de vivenciar uma cultura bem diferente da nossa para que tenhamos capacidade de enxergar os erros da própria civilização.

Sou uma privilegiada, pois tenho tido uma vida muito rica em aprendizagem – um conjunto de experiências, muitas delas incomuns. Vou contar uma pequena história que inclui admiração, paradoxos, absurdos e crueldade. Eu tive um contato muito íntimo com o mundo árabe, principalmente com a vida em família. O meu segundo marido era tunisino, portanto árabe e muçulmano e, contrariamente ao primeiro casamento com um português, o nosso divórcio nada teve a ver com machismo, abuso ou motivos religiosos ou culturais, apenas razões comuns a qualquer cultura na qual duas pessoas civilizadas se desgostam. Com ele aprendi muitíssimo, mas o que aproveito para contar, pois vem muito a propósito, foi um acontecimento com o qual convivi profundamente, o casamento do irmão mais velho de Mustapha, meu ex. Nessa altura passei os quinze dias das festividades matrimoniais em uma cidade de mais ou menos doze mil pessoas perto da cidade de Sousse (em francês) ou Susah (em árabe), na Tunísia. Essa visita também marcou a minha vida, pois foi crucial para saber se a família dele me aceitaria a fim de ficarmos noivos. Ambos éramos estudantes em Paris. Ele terminava dois doutorados para em seguida ir trabalhar no Banco Mundial, e ambos sabíamos que nunca nos casaríamos na Tunísia. Na realidade, ele era muito mais francês do que tunisino. Bebia vinho à mesa como qualquer pessoa normal, vestia-se de uma forma bem francesa, seu francês era perfeito, etc. Quando irmãos e primos nos visitavam, sempre diziam o mesmo, que quando eu fosse à Tunísia não poderia fumar na frente de ninguém, muito menos na presença do Califa, pai de alguns e tio de centenas incluindo o Mustapha, filho de uma irmã desse Chefe de tribo ou família. Era ele quem dava a última palavra nas grandes decisões familiares, como casamentos, aquisição de maquinaria agrícola, compra de carros, viagens a Meca, empregos e negócios.

Naquele verão passei quarenta dias em Saint-Tropez, onde adotei o *topless* como naquela altura todo o mundo fazia. No fim desse período, Mustapha viajou de Paris para Túnis e eu de Marseille – de maneira a nos encontrarmos no aeroporto e passar dois dias juntos na capital antes de enfrentar a família... Eu tremia na base com medo desse encontro por conta de tudo o que me disseram, mas se não gostasse só tinha uma coisa a fazer, voltar para Paris. Meu futuro noivo não tinha medo nenhum e até ria. Mas ele era sempre assim, nunca via problema em nada.

Quando ficamos sós na casa de um amigo comum, ele olhou o meu bronzeado e só disse "Topless?", e riu. Dois dias depois fiquei em um hotel na cidade de Sousse, e ele foi para a cidade dos seus familiares, a uns vinte quilômetros de distância. Como tínhamos combinado, na manhã do dia seguinte ele iria me buscar e apresentar à família. Tomei o café da manhã e sentei-me em uma das poltronas da recepção. Um homem com o traje típico branco, *Kandura* ou *Kandoora*, e os dois cordões envolvendo a cabeça por cima do véu, *Igal* ou *Ogal*, olhou-me fixamente, abriu a mão e mostrou-me uma chave que tinha o número do quarto. Desviei o olhar a noventa graus. Sabia que seria bem pior se mudasse de lugar ou fosse para a entrada do hotel, mas a limusine que vinha me buscar logo chegou com Mustapha e um primo, o prefeito da cidade. O motorista abriu a porta, os dois saíram do carro para me cumprimentar com vênia e aperto de mão para voltarem a entrar depois de mim.

Infelizmente não tive o prazer de ver a cara do idiota vestido de branco perante tanta deferência.

    O primo confirmou tudo o que já me haviam dito, pois eu tinha de agradar o Califa para poder casar com Mustapha. Não podia fazer isto nem aquilo, etc. Também avisou que, quando viesse uma banda só de mulheres tocar no casamento, que jamais me aproximasse ou falasse com elas... e outras coisas mais. A maior parte da família vivia em várias casas de uma só e longa rua, cujo nome era o sobrenome dessa "tribo". Eu ficaria na casa do Califa, pai da noiva, e Mustapha na casa dos pais, pois era irmão do noivo e seria bom passarem esses dias juntos. Como o leitor pode constatar, os noivos eram primos de primeiro grau. Levaram-me aos meus aposentos e logo que saí me disseram que o Califa queria me conhecer. Mas primeiro quero dizer que aquela era uma supercasa. Um imenso pátio quadrado no meio, rodeado por muitas portas que davam para quartos, salas, banheiros, cozinhas, despensas, etc. Por volta das seis horas da tarde passavam mangueira e rodo para refrescar e logo que tudo secava colocavam tapetes maravilhosos no chão e montes de almofadas. Havia uma sala só para guardar tudo isso depois da meia-noite e durante o dia. Criavam ambientes diferentes, recantos para mesas de xadrez, outros para jogar cartas, para fumar florais na shisha ou simplesmente para conversar. Quando todos já estavam sentados, algumas primas – ao todo eram mais de cento e cinquenta primos e primas – nos seus vinte anos traziam grandes bandejas cheias de copos com coca-cola, mas no meio da bandeja tinha uma pequena divisão. Quando serviam os mais velhos, colocavam a bandeja de um lado e para servir os que iam dos vinte aos quarenta anos de idade colocavam a bandeja do outro, isto porque o lado dos mais novos era uma mistura de uísque ou rum com refrigerante. Assim os mais velhos não precisavam saber os segredos dos mais novos... O Califa sabia e alguém sempre se "enganava" ao servi-lo. Também adianto para dizer que segundo a lei da Tunísia um homem só pode ter uma esposa, e o homem quando recebe o seu salário entrega tudo à mulher; ela é quem lhe dá dinheiro para cigarros, jornal ou outras despesas diárias. A mulher rege a família mais próxima (filhos, enteados, cunhadas solteiras e orfãs) e a casa.

Naquela manhã quente os telhados faziam um pouco de sombra em um dos lados do pátio onde tinham colocado uma mesa e algumas cadeiras. Foi aí que nos apresentaram. Ele era um homem nem alto nem baixo, barrigudo, calças de linho cinzentas, camisa clara e suspensórios. Tinha um chapéu claro, talvez mais para tapar a falta de cabelo que propriamente por causa do sol, e usava chinelos de couro. Pareceu-me tão normal... Além disso tinha um sorriso afável e logo me perguntou em perfeito francês se "alguém" me tinha ensinado a falar árabe. Eu disse que não. Convidou-me para jantar e foi embora.

Chegou a hora... Esperei que a esposa de Califa me levasse à sala de jantar. Atravessamos a cozinha e o corredor que serpenteava a casa, até chegar diante de uma porta dupla de vidro não transparente, mas claro e pintado com requinte. Quando ela abriu a porta para eu entrar só havia um lugar vago, na cabeceira da mesa do lado oposto ao Califa. Nem uma única mulher. Todas tinham ficado entre a cozinha e uma sala adjacente. Sentei-me enquanto ela fechava a porta dando-me um último olhar. Senti-me atirada às feras. Durante todo o jantar fui crivada de perguntas. O Califa parecia uma metralhadora de indagações. Repetia a mesma pergunta de maneiras diferentes.

Quando ele me perguntou se eu tinha religião respondi que não. Foi quando os pés de todos os presentes arrastaram no chão fazendo um grande ruído, isso era sinal de que a resposta tinha sido errada e de que todos queriam muito que o Califa gostasse de mim. Corrigi dizendo que fui criada católica, mas que não seguia nem acreditava nessa religião. "Muito bem", disse ele com um sorriso sorrateiro. A certa altura perguntou se eu tinha sangue judeu, disse que não, "tem a certeza?" "Tenho." Até tenho sangue judeu, mas nessa altura nem lembrei, pois todos haviam se convertido ao Cristianismo muitos anos antes. Então Califa perguntou: "Acredita em Maomé?" "Sim, um profeta." "Acredita que ele escreveu o Alcorão?" "Sim." Foi quando numa voz solene Califa afirmou: "então é muçulmana". "Não, não sou." Todos riram. Nessa mesa só estavam presentes os filhos ou sobrinhos de Califa que tinham doutorado e um que era um joalheiro muito famoso. Do lado esquerdo dele estava o filho mais velho, o que tinha ido me buscar a Sousse e era o prefeito da cidade. Empregadas entraram e recolheram os pratos e travessas. Depois entrou a mulher de Califa acompanhada de uma empregada ainda criança que trazia um tabuleiro com os copinhos de chá árabe. A senhora, de uma forma bem elegante, serviu o marido colocando um copo na sua frente, depois o filho mais velho, e assim sucessivamente. Quando terminaram, saíram e fecharam a porta de novo. Califa perguntou-me se eu não me importava de me sentar ao lado dele, trocando o meu lugar com o filho mais velho. Sentei-me e comecei a bebericar esse chá forte, mas muito gostoso. Foi quando o chefe da família tirou o maço de cigarros "Crystal" do bolso da camisa e... me perguntou se eu queria fumar. Disse que sim e tirei um. Os pés dos presentes fizeram um ruído ensurdecedor arrastando no chão; eu tinha feito o inconcebível, o maior erro possível. Quem era eu para assumir particularidades? Ele esperou que filhos e sobrinhos se acalmassem, pegou no isqueiro e acendeu-me o cigarro. Depois perguntou: "eu sei que você há muito sabe que uma mulher não fuma na minha frente. Por que aceitou o cigarro que lhe ofereci?" A minha resposta foi imediata: "Depois de tal interrogatório e gostando eu de fumar, claro que quero um cigarro. Porém, não o teria feito se o senhor não me tivesse oferecido." Ele olhou os filhos e sobrinhos um a um. Parou no Mustapha e disse-lhe: "Se eu não fosse casado, quem casava com ela não eras tu, mas eu". Depois de um silêncio, para mim constrangedor, ele disse: "Gosto muito de você porque não é hipócrita, e isso é raro de encontrar. Na minha casa pode andar vestida como lhe aprouver, pode fumar quando quiser, mas jamais quando tivermos visitas. Nessa altura fume no seu quarto com a porta fechada à chave".

Passei no teste. A dona da casa parecia ter escutado tudo. Entrou para ir me buscar. Levou-me a uma sala grande cheia de mulheres e quando entrei todas deram aquele grito árabe de alegria, o *"zalghouta"*. Depois das apresentações, algumas tentaram "vestir-me" com o véu branco, *shador*, mas tão elegantemente quanto me foi possível lhes disse que não em francês e árabe, *"la, la"*. Segundo me falaram mais tarde, umas criticaram outras riram, mas todas acabaram por me aceitar. Ninguém se lembraria de contrariar os gostos de Califa e em minutos a cidade inteira já sabia que eu tinha sido aceita.

As festividades para o casamento pareciam não terminar. Por fim chegamos ao dia mais importante, aquele em que finalmente os noivos dormem juntos. No meio da tarde, juntam-se todos os primos da família, algumas camionetas abertas, e todos saem de um ponto de maneira a dar uma volta pelas ruas principais do bairro, o que só posso comparar a uma procissão, mas sem nada de religioso. As camionetas levam os móveis e os artigos grandes que o noivo comprou para a casa e as muitas crianças ou adolescentes levam cestos com as joias, serviços de cristal e outras coisas variadas para que todos possam ver como o noivo respeita os pais da noiva. Depois da lenta caminhada voltam à futura casa dos noivos e tudo é colocado, decorado e arrumado em gavetas, da maneira mais perfeita e em menos de três horas. Porém, os noivos só mudam para lá passados uns dias. As primeiras noites ficam na casa dos pais do noivo, onde a sogra ensina a recém-casada a agradar o marido, quais os pratos favoritos e tal. Por outro lado, como nesses dias há muitas visitas, a casa deles não se suja para que fique impecavelmente limpa, e assim os noivos quando mudam entram em uma casa sã.

As joias que o noivo oferece à noiva também servem como segurança econômica, pois, se algum dia eles se divorciarem, tudo o que no dia do casamento é apresentado aos vizinhos fica com ela. Quando o noivo pede a mão da moça, as duas mães encontram-se e a mãe da noiva faz a lista das joias e gramas de ouro ou prata que ela e o marido exigem para que o casamento se realize. Se for uma menina pobre, de pai sem nome ou feia, não pedem mais do que uns anéis e uma ou duas pulseiras, por vezes duas ovelhas. Porém, para a filha de um homem poderoso como Califa que falava francês, era bonita e esmerada dona de casa, além de ter terminado o secundário – a exigência só não foi maior porque o pai de um e a mãe do outro eram irmãos, mas assim mesmo o guarda-joias ficou cheio.

Nesse dia o pátio interno da casa dos pais de Mustapha e do noivo deveria ter mais de duzentas mulheres, todas vestidas com roupas lindas de damasco ou tecidos bem exóticos, saias compridas mais ou menos travadas e top, sem nada na cintura nem mangas. Apenas muitas joias, incluindo grossos e largos braceletes de tornozelo, lindíssimos braceletes de antebraço, anéis, pulseiras, colares... enfim. Para elas eu deveria ser muito pobre, pois apenas tinha uns brincos, um colar de pérolas e um anel, nada mais. Contudo, como dizia Califa, "o melhor no estrangeiro é ser estrangeiro...".

Na frente do pátio, não me lembro em qual ponto cardial, havia uma espécie de um palco onde a noiva, depois de ter passado oito horas a preparar-se – sauna, depilação, cabeleireiro, pintar o corpo com lindos desenhos feitos com hena, manicure e *make-up* glamour – a ponto de nem parecer a mesma pessoa, se sentou por horas a fio. De cada lado havia uma cadeira, onde duas mulheres se sentavam com ela por uns minutos para lhe dar conselhos, mas principalmente porque era o momento "de fama", em que melhor podiam mostrar as joias que diziam ter vindo da Arábia Saudita, de Abu Dhabi, da Turquia ou de qualquer outro país. Na realidade, a maior parte dessas joias tinha sido comprada em França, mas isso não era tão chique! Eu sentei-me várias vezes ao lado da noiva e fazia-a rir, ela reclamava sorrindo pois tinha medo que os "salpicos" brilhantes que tinha no rosto caíssem. Queria estar linda para o noivo – primo que conhecia desde que nasceu. Quando os noivos não são primos, só se conhecem na noite do casamento.

No meio de todo aquele reboliço, mulheres se mostrando umas às outras, abanando-se para melhor fazer brilhar seus diamantes, a banda de cinco mulheres fumando, tocando e cantando, mas completamente isoladas, crianças correndo e gritando, ouviu-se uma voz de rapaz: "O fotógrafo está a caminho". Todas as mulheres se levantaram, incluindo as da banda, para se enrolarem nos véus impecavelmente brancos e todos iguais. Só a noiva ficou sentada com seu lindíssimo vestido bordado a prata e joias de fazer inveja à esposa de qualquer faraó. Eu fui para o meu quarto e espreitei pela porta entreaberta, de luz apagada. Jamais alguém poderia dizer quem era quem, todas eram iguais debaixo do véu, mas eu senti que para elas tinha sido um momento importante. Depois de muitos ângulos e "poses", os véus tornaram a ser dobrados e colocados nas costas das cadeiras. O carneiro com *couscous* e molho de harissa foi servido, mas todo o mundo ansiava pelos doces. Até eu pelo meu quinhão de baklava.

Foi anunciado que a cerimônia dos homens tinha começado. Uma prima veio me dizer que o irmão dela me esperava na porta de entrada. O Califa tinha mandado me chamar para eu assistir à festa dos homens. Para colocar um xale. Eu compreendi. Havia um xale vermelho com o qual nas noites de brincadeira no pátio eu sempre cobria os ombros, pois até no verão as noites perto do deserto podem ser bem frescas. A festa dos homens começara junto à casa do Califa, no início da rua; eram mais de trezentos. Na fila da frente, atravessando a rua de prédio a prédio, ia no meio o noivo ladeado por irmãos e primos, todos vestidos com o traje tradicional, o *kandura* e o *igal*. O restante dos familiares seguia nas filas seguintes, muitos sem o *igal*, e a partir da décima fila muito poucos usavam os trajes tradicionais. Nenhuma janela daquela rua tinha luz, para que as mulheres espreitassem pelas frestas sem ser vistas. Na frente, a uns dez metros de distância da primeira fila, os acrobatas virados para a multidão faziam todos os tipos de malabarismos. Quando terminavam, os homens davam dez passos à frente, em uníssono e com um barulho arrepiante. Tornavam a parar, e os acrobatas voltavam com seus truques. Eu, com o meu xale vermelho por cima da cabeça, ao lado do Califa, vestido com sua camisa discreta e suspensórios, via tudo. De costas para os prédios e andando dez passos de lado quando os homens faziam o mesmo para a frente. Estupefata eu olhava Mustapha "marchando" ao lado de seu irmão Mohamed. Foi quando verdadeiramente me dei conta de que ele era realmente árabe, mas essa foi a primeira e a última vez que o vi assim vestido. Essa marcha durou horas até que chegassem à casa onde a noiva esperava o seu futuro e a morte dos contos de fadas. Contudo, depois de umas quatro vezes de malabarismos, agradeci e desejei boa-noite ao pai da noiva e, acompanhada por uns dez adolescentes, todos primos, voltei para a casa dos pais do noivo onde a noiva, cansada e esperançosa de que o tempo tivesse asas, continuava sentada na solidão de um piano mal tocado, vozes desafinadas e mulheres vestidas de ouro, esmeraldas e diamantes.

Finalmente chegou a hora em que as mães dos noivos a acompanharam ao quarto onde iria esperar o futuro marido. Colocaram um lindíssimo e enorme ramo de flores brancas em cima da cama; a noiva sentou-se em uma cadeira ao lado da mesma, virada para a porta. As últimas visitas foram apenas as irmãs e eu como futura cunhada. Tive tanta pena dela. Pena... repulsa em pensar que um dia poderia estar no mesmo lugar, mas logo passou, eu sabia que isso nunca iria acontecer.

Quando o noivo chegou à porta da casa, seu pai e o pai da noiva, Califa, agora vestido a rigor com o *kandura* e o *igal*, ladeavam a porta do quarto. Quando ele se apresentou com ar humilde, seu pai abriu a porta e Califa empurrou-o para dentro do quarto e, em seguida, fechou a porta. O noivo colocou a mão sobre a cabeça da mãe de seus futuros filhos e disse uma frase do Alcorão. Ela entregou-lhe o ramo de flores brancas, representando a sua pureza. Ele tornou a abrir a porta para oferecer a inocência da sua mulher a seu pai. Voltou a entrar e a multidão se dispersou. Estavam casados perante seu deus e os homens. Nós, da família, fomos para a casa de Califa festejar à nossa maneira. Finalmente cheguei ao ponto que me levou a descrever este trecho da minha vida.

Tínhamos combinado que iríamos tomar o café da manhã com a noiva, pois, segundo a tradição, o noivo sai de casa antes de o sol nascer para se "esconder" na residência de um amigo. Entretanto, a recém-casada veste-se de branco com aquilo que nós no mundo ocidental chamamos vestido de noiva. Era lindo, mas ela tinha perdido todo o fulgor da noite anterior. Via-se que tinha chorado e que fazia muito esforço para na nossa frente não encharcar de água salgada e quente o vestido comprado em Paris.

O "dia seguinte" é muito especial, pois todas as mulheres convidadas para os festejos dos dias anteriores visitam a noiva para lhe dar os presentes, que ela abre um a um para agradecer com grandes exclamações de surpresa, alegria e reconhecimento. A certo ponto ela me chamou e fomos para uma pequena sala. Contou-me que logo que saímos na noite anterior o noivo se sentou ao lado dela com vontade de lhe bater, embora não o tivesse feito. Isso porque ela, dois meses antes, no dia em que acertaram a data do casamento, tinha cedido aos seus imensos e irresistíveis pedidos e finalmente fizera amor com ele. Segundo o noivo, ela deveria ter se segurado e controlado. Que ela não era mulher de confiança. Que lhe tinha tirado a honra e satisfação de saber que naquela noite ela era realmente virgem. Que as flores que entregara a seu pai estavam manchadas de desonra. Que agora ele já nem sabia ao certo se ela, depois disso e já não sendo virgem, teria tido sexo com o motorista do pai. Que uma mulher de honra tem de saber se controlar... Depois de muito acusar e cansado, deitou-se no chão ao lado da cama e dormiu até ela o acordar dizendo para ir embora, pois a aurora já anunciava o nascer do sol. Anos mais tarde, quando os filhos nasceram, o mais velho morreu com poucos dias e o outro nunca foi saudável. Ele sempre a acusou de que isso tinha sido castigo de Alá pelo que ela tinha feito. Esta é uma história sem comentários. Tão explícita que comenta a si mesma.

Em razão de tantas restrições, no mundo árabe é comum entre primos praticar-se sexo anal. Assim ela não perde a virgindade, segundo palavras deles: fica "intacta" e ninguém se sente obrigado a casar contra a vontade dos pais, pois são estes que decidem quem casa com quem. A mulher de Califa e a mãe do irmão do Mustapha decidiram esse casamento na semana em que a menina nasceu. Mas muitas vezes os primos sentem atração por outro que não lhes foi destinado. No mundo árabe segredos entre primos são sagrados. Quero ironizar, mas é a triste realidade. Mustapha também deveria ter casado com uma prima de primeiro grau. Até me conhecer ele sabia que era errado, mas não sabia como sair da situação. Depois de nosso divórcio, ele tornou a casar, dessa vez com uma americana, contrariando todas as regras familiares. Porém, a realidade é que ele não deixou de ser menos amado e admirado pela família por causa disso. O importante é ter coragem para quebrar as regras. Penso muitas vezes nessa pobre noiva e na vida cruel que ela deve ter tido. Agravada ainda pelo fato de que seu marido era professor universitário, tendo um irmão que é um dos maiores cientistas estrangeiros vivendo nos Estados Unidos e o outro irmão, um dos mais reconhecidos economistas do mundo. Como pode haver tanta ignorância? Por que uns se podem libertar e outros não? É por causa da falta de consciência de si mesmos ou da falta de coragem e de vontade?

Hoje, a Tunísia tem uma das mulheres mais admiráveis do mundo, a feminista Amina Tyler. Como muitas outras, cresceu no seio de uma família tradicional. Contudo, ela conseguiu superar os condicionamentos a que foi sujeita. Em 2013, ficou conhecida internacionalmente como a menina que desafiou a sua sociedade e o mundo árabe ao publicar uma foto com o peito descoberto onde estava pintado: "O meu corpo é meu e não representa a honra de ninguém". Em consequência disso, já enfrentou a prisão e o cativeiro, foi condenada e marcada, portanto vítima de estigmatização em seu país, enquanto sua própria família chegou a acreditar que ela estava possuída por espíritos ou forças malignas.

Com este pequeno trecho da minha vida, descrevendo acontecimentos em que fui bem tratada e respeitada por uma cultura que dizem ser bem diferente da minha, tento mostrar os paradoxos do mundo em que vivemos. Será que é tão diferente assim? A nossa sociedade contém em si indivíduos, como mostrarei mais adiante, muito menos humanos e mais atrasados do que outros que vivem em sociedades que pensamos serem muito mais primitivas. Contudo, em todo o lado também encontramos pessoas de vontade, coragem e consciência incomuns, e isso me dá esperança. No fundo do meu ser sinto que o ser humano não é mau por natureza, mas por cultura e ignorância de si mesmo. Acredito que o mal do mundo são as religiões; foi o que constatei na Tunísia, no nosso mundo ocidental e outros lugares deste planeta. Desde já peço desculpas ao leitor se eu me repetir quando falo das religiões fundadas em Abraão e no Bramanismo, mas creio que é imprescindível. Gostaria que ficasse bem claro que o fato de eu não seguir uma religião nem acreditar em dogmas ou em um deus antropomórfico não implica não acreditar em uma Força Divina, Consciente e Amante, que tudo permeia, inclusivamente você e eu, por isso o Poder Interior dentro de cada ser consciente tem tanto poder. Para mim, todos somos protótipos divinos. O problema é que as religiões, ao dizerem que Deus está fora de nós, vogando pelos céus, escondem a grande verdade – que o Poder e o Amor Divinos estão dentro de cada ser humano. A grande diferença encontra-se na liberdade de procurar ver a realidade tal como ela é, sem bitolas, sem dogmas, sem culpas nem medos. A religião Católica Apostólica Romana foi criada pelos romanos quase quatro séculos depois de Cristo, que nunca criou nenhuma religião. Os Evangelhos Gnósticos, detentores da verdadeira filosofia de Jesus, são considerados apócrifos pelo Vaticano, talvez porque foi onde ficaram gravadas as palavras de Cristo: "Quando fizerdes de dois um, e quando fizerdes o interior como o exterior e o exterior como o interior, o que está em cima como o que está embaixo, e quando fizerdes do macho e da fêmea um e o mesmo... Então entrareis no Reino". (*Evangelho de Tomé* – Evangelhos Gnósticos). Como diz Elaine Pagels, "os gnósticos não pensavam que a libertação humana fosse produto dos acontecimentos históricos, mas através da transformação interna". E não é isso que hoje em dia todos estamos aprendendo?

A crítica social da mulher tem o seu histórico. Tudo teve início no tempo em que Abraão fundou o patriarcado. Vejamos: com Abraão, a natureza de um deus masculino identificou-se ao amor paternal, excluindo a deusa e o amor maternal como o mais importante. Esse amor masculino era exigente e estabelecia princípios e leis. "O seu amor pelo filho preferido identificava-se às suas ambições, por isso o filho favorito era seu sucessor e herdeiro" (*A Arte de Amar*, de Erich Fromm).

Na antiga sociedade patriarcal o deus-pai era ciumento, déspota e considerava os membros dessa sociedade sua propriedade, na qual o pai podia matar o filho sem dever explicações a ninguém, como Abraão quando decidiu matar seu filho Isaque. Abraão também vendeu sua esposa Sara duas vezes como escrava sexual. Por outro lado, sabendo que em cada família havia várias mulheres entre esposas, concubinas e escravas, a inevitável indulgência criada através do favoritismo tornou a fêmea conflituosa, criando esquemas, enredos e fofocas na vida doméstica, enquanto se tornava cada vez mais submissa ao chefe, marido ou senhor para que, sendo a favorita, seus filhos viessem a obter maiores privilégios, como o direito de sucessão ou herança das melhores terras e rebanhos. A mulher sempre se apagou na maior dádiva humana – o aprimoramento da vida de seus descendentes, filhos e filhas, mas sempre dentro das regras patriarcais e mais tarde machistas. Costumam dizer que as mulheres não são tão unidas quanto os homens, eis a raiz. O instinto de sobrevivência e da descendência está sempre incluído.

Foram estes pensamentos que me levaram a tomar coragem para dizer o que nunca disse e admitir o que nunca imaginei – nem a mim mesma. O que passou pela minha cabeça no momento em que naquele dia assistia ao noticiário foi como um exame retrospectivo, um *flash* cognitivo de toda a minha vida, incluindo coisas que aconteceram, mas que aparentemente eu não tinha registrado para vir a descobri-las naquele instante de tempo no qual um segundo se transformou em eternidade e o inconsciente subiu ao consciente. Considerei que essa visão da minha vida era um sinal para eu fazer alguma coisa, como escrever sobre a minha experiência e, quem sabe, aprender com ela como se fosse leitora de mim mesma. Eu sou uma mulher muito bem resolvida, mas talvez me falte dar uma última olhada no espelho do passado.

Todos esses pensamentos me levaram à pergunta: quem foi o meu primeiro estuprador? Eu sei que a ignorância é a raiz de todos os estupros. Ignorância de nossos direitos, ignorância de nós mesmos, ignorância do significado das próprias autoridades civis, ignorância da fraqueza do estuprador e ignorância do que nos coíbe de falar – o que ainda é a nossa tão "sofisticada" sociedade. A minha definição de estupro e estuprador é: estupro é uma forma de intimidação no intuito de manter o mais fraco submisso por meio do medo. O estuprador sempre foi um covarde com desejo de poder, vingança e inveja. Porém, acima de tudo, o primeiro estupro sempre foi e continua sendo a nossa educação, pois quem a concebeu, planeou e propagou os seus princípios e doutrinas tem muito medo de que sejamos livres e sãos mental e sexualmente.

Foram estas reflexões que me despertaram para fazer algo que sem dúvida vai me levar aos confins da memória e, quem sabe? Talvez a memória vá me fazer sofrer, vá me doer até fisicamente, mas assim mesmo, neste momento, sinto que tenho obrigação de expor. Minha experiência até pode ser idêntica à de muitas mulheres ou pode ser única ou uma rara concentração de acontecimentos. Contudo, o importante é que consegui ultrapassar e superar tudo isso, sem mesmo ter tido ajuda profissional; mas chegou o momento de tirar a prova dos nove nesta viagem através do tempo, a qual farei em sua companhia, querido leitor.

Capítulo 2

Seguindo os Passos da Mãe

*"Pais e filhos vivem muito distantes.
Raramente choram juntos e jamais falam entre si
de seus sonhos, suas tristezas, alegrias e frustrações"..*
Augusto Cury

Antes de falar das minhas experiências, pensamentos e ideias para soluções, tenho de falar de História, o que farei ao longo deste livro. Temos de saber as raízes desta cultura cruel para entender como podemos aniquilá-la e dar início a outra mais justa e incomparável a tudo o que conhecemos. A Humanidade tem de ser muito mais humana, senão está condenada a desaparecer, como outras no passado se dissiparam sem "quase" deixar vestígios.

Na Antiguidade, a Mãe Deusa era venerada por sua fertilidade, era a Sábia Criadora e a única Fonte de Ordem Universal. Seus atributos eram bem diferentes dos que passou a ter na era patriarcal, ou seja, depois de Abraão, o primeiro patriarca. A mulher regia o comércio, a indústria e a economia comprando e vendendo propriedade. Os títulos herdados eram passados de mãe para filha. A mudança veio quando os livros sagrados foram reescritos. A conspiração do patriarcado distorceu os atributos da Deusa, depravando a sua imagem ao acusá-la de ser lasciva, libertina e a causa da destruição econômica do homem. Foi assim que os cristãos deturparam a imagem de Eva criando a lenda da pecadora, para lhe tirar os seus direitos. Mesmo hoje os homens judeus são ensinados a oferecer em suas orações diárias, *Glória a ti, ó Senhor, nosso Deus, Rei do Universo, por não me teres feito mulher*. Nem vale a pena comentar, pois todos nós sabemos o que se passa com a mulher no mundo muçulmano, onde, além de tudo, a pedofilia é aceita e praticada às claras para que todos possam ser testemunhas.

A certo ponto da História o cúmulo do inconcebível aconteceu. O homem tirou o lugar da mulher na sociedade, destruindo suas deusas, mas achava-se impotente para lhe retirar o valor indiscutível de ser "A Mãe". Esse ciúme o levou à loucura e ficou impregnado em seus arquétipos até o presente, no qual de uma forma amena, carinhosa e participativa anuncia a vinda de uma criança com a frase "estamos grávidos". Porém, o evidente e incontestável atributo da maternidade foi subjetivamente roubado à mulher, o que é tão claro na mitologia grega. Quando Orestes comete um matricídio e é condenado pelas Fúrias, em sua própria defesa condena a atenção dada à mulher, mesmo como mãe, dizendo que as mães não são parentes: "A mãe não é progenitora daquilo que diz ser a sua criança, apenas é a incubadora da semente que lhe foi implantada para que cresça. O progenitor é o que monta. Uma estranha que preserva uma semente que não seria dela, se não fosse a intervenção do deus". Com este argumento Orestes sai vitorioso aos olhos da deusa padroeira de Atenas, que o absolve. Atena era a deusa da sabedoria, das artes e da guerra. Criadora da oliveira, virgem assexuada e isenta da paixão e do amor.

A deusa Atena, a que os romanos chamaram Minerva, também deusa da justiça, absolve o macho matricídio por considerar a mulher insignificante, irrelevante, dispensável e sem valor. Isto significa que Atena, para uns, ou Minerva, para outros, representa nas culturas greco-romana, judaica e cristã (na católica já no formato das virgens) a heroína padrão do mundo ocidental. Se repararmos bem, Atena era assexuada, deusa da guerra e da justiça, e até hoje a justiça funciona dentro da lei masculina e da violência. As leis favorecem muito mais os homens do que as mulheres, e no mundo muçulmano o marido pode chicotear ou mesmo matar a mulher sem que isso tenha qualquer repercussão, além de aumentar o respeito que os outros "machos" tenham por ele. Na Índia, estuprar mulheres é comum e em muitos casos coisa de somenos. Também, digam o que disserem, em muitas regiões uma vaca é muito mais respeitada do que uma mulher, embora seja um país cheio de gurus, lamas, templos e locais de peregrinação.

No mundo ocidental, continuamos dentro dos mesmos princípios. Maria continua virgem, mesmo depois de ter sido mãe. Para piorar ou acentuar as coisas, igrejas cristãs comparavam o interior da Terra ao interior da mulher, e era nesse interior que, por um lado, o inferno estava localizado e, por outro, todo o aparelho genital era considerado imundo e pervertido. O resultado foi que uma mulher educada e prendada para ser respeitada pela sociedade teria sem dúvida de seguir esse modelo ateniense não só como mulher, mas também como mãe e educadora, transformando muitas naquilo a que chamo mulher fálica, tendo o apogeu na mulher vitoriana. Foi por isso que quando eu casei com dezesseis anos minha mãe me aconselhou, falando sobre algo que eu ainda não entendia, pois acabara de sair de um período de sete anos em internato de freiras dominicanas: "Se desejar nunca mostre, mas esteja sempre disposta quando ele quiser". Naquela altura eu não entendi o que a minha mãe dizia. Porém, achei que aquilo era um código ou segredo ou ainda um mistério reservado somente a mulheres. Deu-me a impressão de ser algo muito importante, e eu sempre adorei mistérios...

De tal forma essas palavras me marcaram que, mesmo sem entender o significado de tal conselho, não esqueci até hoje. Contudo, o importante foi que o subconsciente absorveu as palavras solenes, talvez em razão do tom grave com que foram pronunciadas, e infelizmente o que resultou foi "nunca dizer não ao homem". Quem nessa altura teria tido consciência de que de uma forma subjetiva esse conselho seria o passaporte para qualquer estuprador?

Os livros que falam da situação da mulher apenas relatam o que se passa no presente: estatísticas, leis, futuras decisões e pouco mais. Para entendermos a razão do presente, temos de ir às raízes para poder compreender a nossa história e então cortar o mal para que o futuro não seja assombrado por fantasmas ou espremido por ervas daninhas. Há um grande medo em melindrar a sociedade quando se fala de religião, mas, se essa é a razão do atual *status quo*, pois antigamente era ela que tudo dominava, administrava e ordenava segundo os seus interesses, obrigatoriamente será dela que teremos de destrinchar o que deu azo ao atroz absurdo em que vivemos. Chegamos a um ponto em que temos de deixar de tapar o sol com a peneira e enfrentar a realidade. Portanto, leitor, eu falarei desses assuntos proibidos ao longo do livro. Comentarei sobre as religiões, pois são a base dos nossos princípios sociais, culturais, econômicos e políticos ao redor do mundo. Sei que irei enfrentar o touro para pegá-lo pelos cornos e quanta coragem isso requer, mas se assim não for continuaremos à deriva sem entender o nosso presente e sentindo-nos impotentes para melhorar o futuro.

Muitos se perguntam por que não há mulheres que tenham feito obras como Miguel Ângelo ou pensadoras como Sócrates, tal como não existiram mulheres tão violentas como Jack, o Estripador, e muito poucas receberam o Prêmio Nobel. Embora muitas feministas não concordem, a mulher por natureza não é violenta. Sabendo que em todas as regras há exceções e que o patriarcado também criou a fêmea-macho, de maneira geral a mulher é quem protege. Portanto, sua violência não pode passar do limite da lei da sobrevivência e proteção, o que até pode levá-la a matar outros seres humanos, mas por trás há uma razão inteiramente embebida na sua natureza protetora. O homem é o caçador por excelência e o que luta por supremacia, por isso pode chegar ao limite do racional, sob o natural e instintivo desejo de se afirmar, em uma identificação que também pode ser inteiramente inconsciente e irracional. Contudo, não podemos esquecer que a finalidade dessa luta era, e é, na maior parte das vezes, gerada pela vontade em atrair as melhores fêmeas.

Até o século XX, em muitos países a mulher não podia votar ou escolher o marido. No Brasil, até a Constituição de 1988 – quase século XXI –, a mulher nem podia administrar os próprios bens, independentemente da forma como tivessem sido adquiridos – fosse por meio de herança, doação, seu próprio salário ou produto do seu trabalho.

Com as duas Guerras Mundiais, a falta de mão de obra masculina, uma vez que os homens andavam ocupados com a guerra, obrigou as sociedades a recorrerem às mulheres para manter a "máquina" a funcionar, principalmente nas fábricas. Em Alexandria, perto de Washington D.C., uma fábrica de batons foi transformada em fábrica de balas e só tinha operárias. Depois da guerra, as coisas mudaram e muitas mulheres, principalmente da classe alta, entraram para a universidade. A partir dos anos 60, a pílula ajudou no movimento que levou a mulher a desinibir-se, o que tremendamente impulsionou sua emancipação. Contudo, qualquer reação parece atrair uma contrarreação, tal qual força invisível transformada em tradição e ignorância que tem por objetivo nos empurrar para trás, aliciando outras forças que provoquem a negação de nós mesmas. Essas forças eram dirigidas por mulheres tradicionalmente religiosas que passaram a ser as maiores críticas das feministas, as quais ridicularizavam e incriminavam sempre que possível.

> **Nota da psicóloga Íria Sulser:**
> O feminismo contemporâneo, a partir dos anos 60, inicia um novo ciclo. Fazem-se denúncias sobre a extensa discriminação imposta à mulher. A dúvida com que a sociedade recebe tais denúncias sobre o desigual tratamento concedido às mulheres é respondida com fartos diagnósticos que analisam as formas como o patriarcado se infiltra e conserva relações hierárquicas entre os sexos nas sociedades capitalistas.
> Os temas focalizados nestes primeiros anos concentram-se nas relações de trabalho, na participação econômica, na vida sindical, na escolaridade diferencial, nas carreiras, nos movimentos sociais e na participação política. No fim da década de 70 e no começo de 80, começam a ser abordados os temas da saúde da mulher e sexualidade, incluindo aborto, planejamento familiar, orientação sexual.
> O tema da violência contra a mulher vem mais tardiamente se infiltrando ao longo dos anos 80.
> (*Pele de Asno não é Só História* – Maria Amélia Azevedo e Viviane de Azevedo Guerra.)

Já no século XXI, 2003, encontrava-me junto ao meu carro esperando uma amiga na praia de Hollywood, na Flórida, quando ouvi uma conversa entre mãe e filha. Falavam espanhol de algum país da América Central. A menina de uns vinte e dois anos chorava dizendo que não gostava nem queria casar com um tal rapaz que, pelo visto, já tinha falado com a mãe dela também para se queixar de que a menina não o queria. A mãe, tentando convencer a filha a seguir o caminho da infelicidade mascarado de segurança e tranquilidade, dizia: "Um rapaz feio, malcheiroso, mesmo pobre como ele, é muito melhor partido do que outro que tenha um bom emprego, que ande perfumado e seja bonito. Este, o mais tardar no segundo mês de casado, já arranja outra e assim vai ser toda a sua vida. O feio, gordo e barrigudo malcheiroso ficará sempre consigo e não vai gastar o seu dinheiro com outras mulheres. Lembre-se, também não é nenhuma miss mundo...". A minha amiga chegou e fomos jantar, mas não deixei de me perguntar no que essa jovem iria ser quando chegasse à idade de sua mãe.

Na Europa, foi a partir do fim da Segunda Guerra que a mulher sentiu que não mais queria perder os seus direitos e liberdade para voltar a sentir-se escrava do marido, filhos e casa. Contudo, quando os homens voltaram aos seus lares e casaram, continuaram a sujeitar a mulher aos costumes antigos como se nada tivesse acontecido. E ela continuou a obedecer e a depender da aprovação de seu pai, marido, cunhado ou filhos, tanto para ganhar como para gastar dinheiro ou sair. Porém, a guerra tinha deixado uma semente duradora, a verdadeira mudança germinou e criou frutos rapidamente.

No Brasil, até a Constituição de 1988, a mulher só poderia trabalhar ou abrir uma empresa com expressa autorização do marido. Nos anos 80, eu, casada com um estrangeiro e vivendo nos Estados Unidos, sendo uma profissional com salário muito acima da média, fui de férias a Portugal e no Cassino Estoril só me permitiram entrar na sala dos caça-níqueis. Sem autorização por escrito do meu marido não poderia entrar nas outras salas de jogo, embora estivesse no meu próprio país.

Apenas nos países mais desenvolvidos e já no século XX a mulher, em geral, passou a ter acesso a um nível de instrução que por milhares de anos foi reduto exclusivo do homem, de algumas freiras, de filhas da realeza ou de algumas famílias judias. Eis a razão pela qual só a partir de agora se poderá esperar o surgimento de artistas e pensadoras do calibre desses que tanto marcaram a História – o que já é fato.

Ao longo de cento e quinze anos do mais prestigioso prêmio internacional, oitocentos e trinta e três homens receberam o Prêmio Nobel, que apenas foi distribuído a quarenta e oito mulheres no mesmo espaço de tempo. No ano 2016, os premiados foram onze homens para seis categorias, nenhuma mulher. O prêmio de literatura foi entregue a Bob Dylan, e me pergunto por que então não o dividiram com Joan Baez, a verdadeira autora de "Blowin'in the Wind". Carl Johansson, representante do Conselho de Pesquisas Sueco, a propósito de nenhuma mulher ter ganhado o Nobel, disse: "A dificuldade da mulher para alcançar posições de destaque pode ser um bom motivo".

Não mais vendo o homem como superior, a mulher irá parar de imitá-lo ou venerá-lo, deixando também de ser fálica, o que nada tem a ver com homossexualidade, mas, sim, por ser ela quem mais tem defendido as leis do patriarcado, em uma imposição que, de certa forma, foi necessária para a sua sobrevivência e continuidade, assim como da sua descendência. Presentemente ela deixará de pôr punhais na mão dos filhos para defender honras que não passam de miragem e que nada têm a ver com uma existência real, finalidade ou felicidade da Humanidade.

Minha mãe em muitos aspectos foi uma exceção. Estudou farmácia na antiga Universidade de Lisboa. Quando se formou, nos anos 40, foi trabalhar nos Laboratórios *LAB*, onde fazia pesquisa. Porém, conheceu meu pai e um mês antes de casar despediu-se para ser dona de casa. "Uma senhora não trabalha", essa frase criminosa só servia para tornar a mulher inteiramente dependente do marido, dominada e explorada a ponto de esquecer-se de seus ideais e acabar por defender os princípios da própria escravidão que passava a suas filhas e filhos. Logo após o divórcio, minha mãe foi para a Itália estudar ortopedia e só se aposentou aos setenta anos de idade. Nunca mais tornou a casar.

A mulher que não só estuda, mas também lê e se informa, passa a ser um perigo para os antigos conceitos, porque isso lhe dá consciência de si mesma, tornando-a cada vez mais independente e capaz de raciocinar de uma forma que a torna digna de crédito. Ela é, para muitos, um perigo quando se emancipa, porque só na sua ignorância ela é quem mais defende os dogmas que a mantêm no obscurantismo, sem saber reconhecer que os grandes movimentos religiosos e antimulher não existiriam sem a sua participação e mansidão. Essa é a razão por que a Igreja se sente tão ameaçada nos seus alicerces quando se fala de Maria Madalena ter sido a companheira de Jesus, do Eterno Feminino ou da emancipação feminina. Enquanto a mulher não se libertar dentro de si e economicamente, não deixará de ser apedrejada, humilhada, repudiada, incompreendida, estuprada, vista como objeto de prazer e símbolo de pecado, porque compete à mulher ser a primeira a reconhecer o seu verdadeiro valor e usá-lo com firmeza e dignidade, além de muita coragem. Será então nesse esplêndido e sublime momento que as mães deixarão de esconder e tapar a boca de quem mais delas precisa ou chamar as filhas de mentirosas quando estas as procurarem nos seus desabafos sobre qualquer espécie de abuso.

Em lugar de condenar por medo da sociedade ou da falta do pão de cada dia, a mãe tem de passar a proteger e enfrentar a realidade, custe o que custar. Dessa forma, a onipotência do pai e a condescendência da mãe desfazem-se na autodeterminação dos seus filhos e filhas. É muito importante aceitarmos a realidade para podermos combatê-la. Se a mulher não fosse treinada a aceitar o sofrimento, a ser vítima de ameaças, violência, angústia, assédio, estupro e dependência econômica, o patriarcado não se manteria no poder, pois tanto este como as religiões e os regimes autoritários, tanto de esquerda como de direita, só se mantêm no poder por meio do medo. Contrariamente ao que nos ensinaram, que "devemos temer um deus de amor", hoje sabemos que ambos não podem coexistir no mesmo espaço, coração ou mente. Como o medo é o oposto do amor, sabemos que quem nos incute medo para nos dominar e manipular não nos ama – seja marido, companheiro, pai, padre, pastor, deuses ou regimes políticos.

Devemos ter em conta que infeliz ou felizmente, o machismo não é privilégio dos homens. Confrontar apenas o machismo masculino sem reconhecer a fonte da nossa cultura e reeducar sua maior e mais poderosa defensora, a mulher, é o mesmo que atacar a dor, mas não a causa ou a doença. Uma grande parte da solução está na educação. Nós, as mulheres, teremos de lutar muito para que sejam criadas novas filosofias e conceitos totalmente fora de tudo o que aprendemos até aqui e ensiná-los nas escolas, com auxílio das artes, em casa, nos transportes públicos e em todas as instituições. Ou seja, instruir as novas gerações dentro dessa nova maneira de pensar nos mesmos lugares onde até aqui nos ensinaram a sermos mansas e a ver virtudes em tudo o que se funda em aceitação. Temos de reverter o ensino, o pensar e o sentir para que possamos tomar novos caminhos.

> **Nota da psicóloga Íria Sulser:**
> A mulher no papel de socializadora junto às crianças, ao transmitir-lhes seus valores e padrões de condutas, acaba por transformá-las em adultos à sua imagem e semelhança.

Em decorrência da dominação do patriarcado, ao longo dos anos o medo também se desenvolveu de maneira a ser confundido com respeito e até amor. O que poderia ter sido amor genuíno desfigurou-se em amor-servil, amor-orgulho, amor-acusador ou amor-masoquista. Para muitos homens, amar é perder a virilidade, tornando-se agressivos e sádicos ou incapazes de transmitir o latente carinho que ao lado de suas irmãs receberam das mães.

Como virilidade é uma afirmação, o "macho" tem medo da sensualidade da fêmea, porque o impele a afirmar-se em uma qualidade que muitas vezes não tem. Por isso, além de outras coisas, a virgindade e fidelidade da mulher eram imprescindíveis, pois, não conhecendo outros, a mulher não teria bitolas ou meios de comparação, proporcionando ao macho a possibilidade de muito tranquilamente se aconchegar na sua incompetente zona de conforto. A ideia principal dessa fidelidade era dar ao homem a certeza de que a progenitura era dos seus cromossomos, como os seus eram do seu pai e avós, não havendo para isso necessidade de dar prazer à mulher sob o risco de ela ficar mal-habituada! Para que reciprocidade? Ela serve para dar prazer, mas não para sentir. Além disso, ele não tinha sexo para agradar aos outros, mas a si mesmo, propagando a espécie e sentindo-se tranquilamente aconchegado. Esse consolo tão conveniente tinha de ser protegido. Ao longo dos tempos, para maior segurança criou formas eficazes de precaução, como cintos de castidade, o corte do clitóris e deformação dos genitais (como ainda acontece em dezesseis países africanos, na Europa e nas Américas), espiões, confissões, dogmas religiosos e sociais, orgasmos vaginais, etc., e muita mulher morria e ainda morre sem saber o que é um orgasmo, mesmo nos países mais desenvolvidos do planeta. Os dogmas religiosos que se transformaram em regras de conduta sociais são até hoje os que mais impedem a mulher de se libertar do jugo da sociedade machista que criou uma cultura inteiramente antinatural e obscena.

O mito de que certas mulheres têm inveja do falo, e o veem como símbolo de poder, admirando-o com veneração, projetando a forma como há milhares de anos tinham venerado os filhos dos deuses, torna a sua imagem frágil, assim como presa fácil de humilhações de todo tipo. Desde o tempo em que o patriarcado retirou as deusas do altar, a mulher passou a fingir ter prazer no ato sexual, o que era parte da técnica para sobreviver. Nos dois últimos milênios, até meados do século XX, no mundo cristão, e não só, a mulher quando tinha prazer durante o coito fingia que os seus gemidos eram de dor, porque não era apropriado, digno, de bom-tom e muito menos cristão uma senhora ter prazer no ato sexual. No decorrer do século XX, os termos inverteram-se de novo e as mães passaram a ensinar as filhas a fingir prazer, porque era importante para a relação deixar o homem pensar que as satisfazia, o que ainda acontece em quase todas as culturas. Nessa negação de si mesma, a mulher resseca a sensualidade, enquanto morre fingindo uma coisa que não sente, que muitas nunca sentiram ou outras, se sentiram, foi fora do casamento, enquanto vão imitando os grunhidos do macho. Pura e simplesmente. Essa é também uma cópia da forma como atuam as prostitutas, para quem seria inteiramente impossível ter prazer dia após dia, hora após hora, com homens com quem nada têm em comum, nem atração, e para quem os clientes apenas representam negócios. Essa pantomima ensinada pelas próprias mães ajuda o homem a não se sentir na necessidade de corrigir as suas técnicas ou de reeducar-se sexualmente, aprendendo a dar prazer à mulher, o que resulta em uma abominável mentira coletiva, em que uma vez mais a mulher se mostra mais inteligente do que o homem, o qual é ridiculamente enganado. Por outro lado, durante milênios a mulher fingiu que prazer era dor e que dor era prazer – segundo as épocas –, o que levou o homem a não ter estímulo para se desenvolver sexualmente, provocando um retrocesso físico e emocional, sendo este o ponto em que somos mais primitivos, em muitos casos inferiores aos animais. Não nos desenvolvemos sexualmente, nem no lado físico, nem mental nem metafísico. Sexo passou a ser apenas um conjunto de movimentos que induzem um orgasmo, nada mais. Alguns têm umas noções sobre a capacidade eletromagnética da pele, o maior órgão do corpo humano, mas não a associam com sensualidade de uma forma real. Outro problema com o qual nos deparamos é que, por termos fingido por tanto tempo que prazer era dor e dor era prazer, passamos a ter prazer em sofrer, permitindo que a nossa preciosa energia se esvaia no sofrimento, como se tudo fosse parte da natureza humana. Tudo isso implica aceitar valores inversos como a violência, a qual passou a ser tida como uma lei natural, sem que tenhamos a mais remota ideia de que ela está ligada à falta da evolução da sensualidade e do sistema límbico, onde as emoções se produzem. Mais tarde darei exemplos do que acabo de afirmar e como aceitamos as várias maneiras de estupro e violência sem nos darmos conta de que vivemos essa realidade no presente.

O mito de que certas mulheres têm inveja do falo e o veem como símbolo de poder apenas serve para encobrir o real motivo, ou seja, a realidade de que o homem tem inveja do útero, como facilmente se depreende nas palavras de Orestes, transpondo o poder do feminino para o *"montador"*.

O maior estupro em massa da História foi tão bem abafado que poucos ouviram falar desse fato histórico. No fim da Segunda Guerra Mundial o estupro em massa de mulheres em Berlim foi um acontecimento negado pelos países aliados, Estados Unidos, Inglaterra, França, União Soviética e outros, na tentativa de sufocar o assunto, visto não ir ao encontro da imagem criada para enaltecer os "vitoriosos civilizados" que libertaram a Europa do nazismo. Contudo, a verdade veio à tona quando Austin J. App, professor da Catholic University, abordou esse tema embaraçoso para muitos em seu livro *Ravishing the Women of Conquered Europe* publicado um ano mais tarde, em abril de 1946. Em seguida, Antony Beevor enfatizou as declarações de App quando publicou o livro *Berlim 1945: a Queda*, abordando o mesmo tema.

A revista *Spiegel* escreve que não existem dados exatos sobre a quantidade de mulheres alemãs violadas pelo exército soviético, mas o número que aparece em mais publicações aponta para dois milhões. Segundo pesquisas do dr. Philipp Kuwert, especialista em traumas e chefe do Departamento de Psiquiatria e Psicoterapia do Hospital Universitário de Greifswald, a idade aproximada de mulheres violadas pelos soviéticos seria de dezessete anos e cada uma teria sido violada em média doze vezes. A realidade é que mais de dois milhões de mulheres alemãs foram estupradas só em 1945, desde crianças de oito anos até idosas de oitenta anos. Isso resultou em que quase metade das vítimas possui síndromes pós-traumáticas, incluindo pesadelos, tendências de suicídio e anestesia emocional. Cerca de 81% dessas mulheres passaram a sofrer do efeito negativo direto sobre a sexualidade. Segundo a historiadora Birgit Beck-Heppner, os soldados soviéticos usavam as violações para intimidar as populações alemãs, mostrando que o seu governo, incluindo o exército, não mais lhes podia garantir segurança, por isso muitas dessas violações eram executadas em público.

> **Nota da psicóloga Íria Sulser:**
>
> Somente em 1976 a americana Shere Hite lançou o livro *Relatório Hite*, com dados conclusivos sobre sua pesquisa que se propunha a uma discussão pública e à reavaliação da sexualidade feminina na sua plenitude, com auxílio de questionários dirigidos a mulheres que investigavam o que elas realmente sentiam em relação ao sexo e não o que elas deveriam sentir, como ditavam os padrões sociais vigentes.

Em 1945, os soviéticos foram os primeiros a chegar a Berlim. Mesmo após a rendição da Wehrmacht e dos nacional-socialistas, o sofrimento do povo alemão parecia não ter fim, e temos de lembrar que nem todos os alemães eram nazistas, como se pode constatar no livro *A Menina que Roubava Livros*. Os soldados do Exército Vermelho invadiram casas, arrancaram mães e filhas de suas famílias e as estupraram em praça pública, algumas foram estupradas várias vezes por grupos de até dez soldados.

Na conversa com o jornalista da *Spiegel*, Gabriele Köpp lembra que sua menstruação parou por completo durante sete anos. Naquela época era um sintoma bastante comum entre as alemãs, chamado pelos ginecologistas de "doença russa". Quando lhe perguntaram se conheceu o amor e se alguma vez teve relações sexuais, Gabriele Köpp respondeu: "Não, não tive nada disso. Para mim existia apenas uma coisa: violência".

Quando um homem estupra uma mulher, ele não tem prazer sexual, mas, sim, experimenta momentaneamente o prazer de "matá-la" com o seu "punhal". Estupro é provocado por sede de poder e domínio da parte do estuprador – poder sobre a vida literalmente ou morte metaforicamente. Para o estuprador não há poder maior que esse. Não sempre, mas muitas vezes a razão por que ele tanto precisa desse poder é vingança ou inveja. A origem pode ter várias fontes, como traumas de infância, complexo de Édipo, complexo de inferioridade, inveja, ciúmes ou "n" circunstâncias, mas umas das principais é ele não viver ou ser aquilo que na realidade é a sua condição. Ao tentar abafar e amordaçar uma realidade que não quer aceitar por motivos religiosos, sociais e culturais, torna-se invejoso, vingativo, sadista ou masoquista, e nesse flagelo mata no outro aquilo que ele é, mas não quer aceitar. Mais adiante irei desenvolver este assunto.

Para entender toda rejeição e abuso de que a mulher tem sido vítima, temos de trazer à luz a sua sexualidade, o que também nos obriga a explorar e reinventar uma nova trajetória de expectativas que nos levem a profundas pesquisas. Estaríamos nadando no contraditório e no abstrato negando a realidade – se não tivéssemos em conta a certeza absoluta de que há uma profunda razão para esse ódio da parte do homem. Só do homem, pois as mulheres não sentem essa raiva, esse prazer cruel, essa demonologia, esse rancor, esse perverso barbarismo tão forte contra o homem como este sente quando estupra, mata, usa requintes de malvadez, inflige tortura psíquica, assedia, aprisiona e desdenha de mulheres e homossexuais. Só pode ser ciúme ou inveja, mas de que e por quê?

A frase de Karl Marx, "quando quiser incriminar outros acuse-os do que faz", encaixa-se perfeitamente nessa atitude de acusar a mulher de ter inveja do homem. E diga-me, querido leitor, em uma sociedade em que tudo o que nos rodeia tem o sexo por principal temática, os que tivessem mais dificuldade em chegar ao orgasmo não teriam ciúme ou inveja dos que tivessem múltiplos orgasmos? Claro que sim. E como Orestes e os gregos não teriam inveja de quem gera uma vida dentro de si? E ainda não morreriam de ciúme dos que não precisam se envergonhar se não tiverem ereção? E, mais ainda, não teriam um ciúme incontido de alguém muito mais ativo sexualmente? (Segundo pesquisas atuais, a mulher tem muito mais apetite sexual do que o homem e durante mais anos – o que os deixa muito inseguros.) Somos seres sexuados e ninguém pode negar isso. Se sexo existe, é para ser vivido. Desfrutar dessa sexualidade de uma maneira saudável e livre nos solta das amarras ou grilhões da repressão, dos traumas, dos recalques, das vidas mentirosas e das doenças mentais – assim como de atos de demência na qual muitos se afundam dia após dia.

Sempre dizemos que ainda não sabemos nada do que é o Universo ou do que se passa no fundo do mar. Entretanto, de tudo o que existe a grande desconhecida está aqui – pertinho de todo o mundo, a nossa mãe, a nossa irmã, a nossa vizinha, a nossa filha –, a mulher e seu aparelho genital. Até aqui, e creio que por muito mais anos na maior parte dos países, o aparelho genital é compreendido como algo que apenas serve para procriar e ser usado pelo homem. Mesmo Charles Darwin, pai da Teoria da Evolução, duvidava se a mulher teria alma, e a maior parte da humanidade, incluindo mulheres, ainda diz ter muito mais com que se preocupar do que com a sua própria anatomia ou vida sexual. Precisamos notar que o corte do clitóris que se pratica em todos os continentes, apesar de ter a sua origem na África, não é uma prática única. Nos séculos XIX e início do XX, na Europa e nos Estados Unidos, várias doenças eram "tratadas" com o corte do clitóris. A única diferença era que em vez de usarem uma lâmina usavam uma tesoura. Em lugar de praticar esse crime em crianças, o faziam em mulheres adultas. Quando o ser humano cria leis que vão contra a sua natureza, ele sempre acaba por remediar as consequências praticando crimes. O importante é ter consciência de que toda essa repressão não é coisa do passado. Talvez tenha mudado de lugar, de bairro, de estado, mas continua bem viva e devastadora.

Como vimos, a noção freudiana de que as meninas têm inveja do pênis está errada. Podemos até dizer que foi uma construção psicologicamente muito bem montada tendo um fim específico, o que seria incutir na cabeça da mulher a sua inferioridade em relação ao homem, proporcionando uma sujeição voluntária. Sendo assim, muitas e muitas mulheres se sujeitam a uma vida humilhante, enquanto deslumbradas falam de seus captores: "Mas ele é magnífico. Tem tanta confiança e poder. A sua presença é dominante e brilhante...". Talvez essa admiração ainda seja um vestígio da memória do coletivo feminino do tempo em que as filhas dos homens pariam os filhos dos deuses (Livro de Enoch, os Vedas e qualquer mitologia, incluindo o capítulo 6 do Gênesis na Bíblia e os nascimentos de Buda, Visnu, Jesus e outros). O ciúme do homem começou nessa época, pois a mulher estava muito mais ligada aos chamados "deuses". Deve ter sido por isso que, quando os judeus compilaram partes de Tabletes da Suméria, origem do Pentateuco, que foi a base do Antigo Testamento e do Alcorão, jamais mencionam mulheres que "falassem" com os deuses ou que deles recebessem instruções, como teria sido o caso de Enoch e outros. O rei que em Tabletes da Suméria tem o nome de Ziuzudra é na Bíblia Lamech, o filho de Matusalém e pai de Noé. Quando seu filho nasce, Lamech vai ao encontro de seu pai para mostrar o recém-nascido e diz: "Seus olhos brilham como raios de sol, não deve ser meu filho, mas dos anjos". Nesta constatação não havia revolta contra a infidelidade da mulher, apenas orgulho. Afinal de contas ela teria sido escolhida para ser mãe de um filho dos Nefilim, o que tem sido traduzido por anjos.

A partir do momento em que as cidades matriarcais foram destruídas, tanto pelos brâmanes como pelos hebreus e povos vizinhos, como tão bem nos mostra a história bíblica de Ester e da rainha Vasti, a vida sexual da mulher tomou um rumo desconhecido. Como se entende pela epopeia de Ulisses, havia sociedades onde as mulheres apenas queriam homens para procriar, pois para ter prazer elas não precisavam deles.

Clitóris, esse desconhecido!

Apesar do avanço da ciência sobre o aparelho sexual masculino ter dado grandes passos, no que diz respeito ao mecanismo da sensualidade feminina ainda engatinhamos. A mulher é a grande ignorada.

Só há muito pouco tempo se descobriu que o clitóris não tem milímetros, mas mais ou menos oito centímetros. Tem mais de oito mil fibras nervosas, muito mais do que o pênis, por isso é muito mais sensível. Também se desdobra em duas longas raízes que se espalham pelo osso púbico. A grande diferença com o pênis é que os músculos do clitóris depois do orgasmo não ficam completamente relaxados e essa é a razão pela qual a mulher pode ter múltiplos orgasmos e o homem não. Portanto, contrariamente às obsoletas teorias de Freud, não há nenhuma razão para que a mulher tenha ciúme do pênis. Essa constatação nos leva a entender mais um elemento para o milenar ciúme ou inveja que o homem tem do aparelho genital feminino. A única inveja que a mulher pode ter do homem é a sua liberdade.

Essa descoberta nos faz sentir como se só agora tivéssemos descoberto a roda... Contudo, ninguém fala disso. Ainda estamos sufocados pelos tabus em que falar sobre sexo é obsceno, mas se não falarmos de sexo como podemos aprimorar a nossa capacidade de sentir e ter prazer? Como pode a mulher adquirir a desinibição necessária para ensinar ao homem o caminho para conhecer o seu corpo? Como pode ela sentir alegria no reconhecimento da sua própria sexualidade? Como pode o homem experienciar a mulher? Descobri-la? Curti-la? Senti-la de maneira a causar uma união perfeita? Dar-lhe prazer para aumentar o seu a mais de 100% e assim deixar de lado suas fantasias ciumentas? Se assim não for e como a vagina tem muito poder – com prazer ou sem –, ela pode transformar-se em uma voz imensamente dramática. Ela se individualiza, tornando-se outro ser orgânico que pode falar por intermédio do seu terror, do seu amor, da sua dor, do seu prazer, da sua ansiedade, da sua frustração ou da sua total realização sensual. Essa voz vaginal manifesta-se em todas as reações da mulher, em tudo o que ela faz, diz, sente e pensa.

Gostaria de perguntar: e se o homem não conhecer o corpo e as naturais reações da mulher, como pode ele realmente saber o que é prazer? Os nossos seculares tabus afirmam que a mulher não deve ter prazer pois é anticristão, e uma senhora não se pode confundir com uma prostituta. Na realidade, a sociedade acreditava piamente que a finalidade biológica do sexo feminino era a reprodução, mas do homem era poder. Por isso muitas mulheres morrem sem nunca ter sabido o que é um orgasmo, visto que a masturbação também tem sido considerada pecado mortal, podendo provocar doenças como cegueira, ou o condão de chamar o demônio e até matar. Mesmo entre as pessoas que dizem não acreditar nessas coisas, a ideia de que sexo é sujo, prejudicial e até pecado continua lá no fundo a vitimar mentes fracas por conta da contradição entre o que é natural e o que foi implantado no subconsciente por meio da chamada engenharia social, que tanto afeta o coletivo de qualquer sociedade.

Resumindo, a sensualidade e o prazer da mulher seriam para muitos coisa de somenos, mas a ereção masculina era de suma importância para que a mulher fosse fecundada, e o prazer do homem era necessário para aguçar e estimular a vontade. Porém, no meio de tudo isso há um fator que revira todo o conhecimento de pernas para o ar: o ponto G e o clitóris são as únicas partes do corpo humano que existem com uma única função – dar prazer –, e não se encontram no homem, mas só e apenas na mulher... E agora?

Falemos então do orgasmo vaginal... A capacidade de prejudicar a mulher chegou ao cúmulo da ignomínia quando o homem criou a importância do orgasmo vaginal, o que a maioria das mulheres no mundo inteiro não tem. Estive vendo estatísticas e uma delas informa que um terço da mulher brasileira nunca teve orgasmo vaginal, o que é uma informação errada – total desinformação. Segundo saudesublime.com, "cada mulher sente o orgasmo de forma diferente, mas há aquelas que nunca sentiram orgasmo com seus parceiros, sendo cerca de 70% dos casos. Apenas 25% chegam ao clímax durante o ato sexual". Todavia, isso se deve a várias técnicas em que as áreas erógenas – clitóris, entrada da vagina, uretra, colo do útero e o chamado ponto G – estejam envolvidas. O ponto mais erógeno do aparelho genital feminino é o ponto G, que só foi descoberto em 1981 pelo ginecologista alemão Ernst Grafenberg, localizado a três ou quatro centímetros da entrada da vagina, na parte superior da parede frontal. A maior parte das mulheres e homens do mundo não sabe que este existe, e os que já ouviram falar nem se preocupam em procurar. O ponto G só se encontra facilmente quando a mulher está excitada, o que o faz despontar e inchar.

A parte interior da vagina não tem nem pode ter fibras nervosas, pois durante o nascimento de uma criança o que poderia ser prazer passaria a ser uma terrível dor, o que aliado à dor de parto, que já é imensa, seria excruciante. A falta de esclarecimento sobre as cores e sombras dos diferentes prismas de prazer e dor nos leva a desconhecer cada vez mais a nossa anatomia. Contudo, a questão em pauta neste particular é que a falta de fibras nervosas no interior da vagina é compensada pelas do restante do aparelho genital, o clitóris, os lábios vaginais, a entrada da vagina e o ponto G. Se por um lado nos salva de dores intensas, presenteia-nos com prazer mais que duplo, mas muito poucas mulheres entendem o que se passa no seu corpo por falta de diálogo e conhecimento da maioria. Essa falta de informação leva a uma profunda ignorância, o que vem dos tempos em que éramos proibidas de falar, explorar e perguntar. Como disse antes, todas essas barreiras têm de ser urgentemente quebradas. Como podemos gastar bilhões de dólares na exploração do espaço e do fundo do mar e continuar a proibir e desvirtuar a necessidade de descobrir aquilo que fisicamente somos?

Como disse antes, o ponto G só foi "descoberto" em 1981 pelo ginecologista alemão Ernst Grafenberg, por isso essa parte do corpo feminino tomou o nome do seu "descobridor", há apenas 36 anos – 40 mil depois de o *Homo sapiens* ter saído da África completamente formado... Porém, o corpo da mulher não precisa que um dos seus pontos mais sagrados seja identificado por uma letra com origem no nome de um homem. Isso é o mesmo que permitir que prevaleça o milenar abuso da falta de respeito pelo nosso corpo sob a soberania do macho. Como o chamado ponto G tem sido um mistério e um segredo, além de estar situado mais ou menos (depende da mulher) por trás do Monte de Vênus e ser esponjoso, seu nome deveria ser bem feminino – eu o batizo: Véu de Vênus.

Em nota, o Véu de Vênus não foi descoberto por ninguém, apenas tornado público para passar a fazer parte das descrições sobre a anatomia feminina. Sempre existiu e muitas mulheres sempre souberam da sua existência. Foram os tabus religiosos, que não permitiam a masturbação nem a exploração do nosso corpo, que nos fizeram acreditar na nossa pretensa "frigidez".

Um dos lugares mais sagrados do corpo feminino não pode ter o nome de um homem. O ponto G tem de passar a ser realmente feminino com um nome que o defina perfeitamente, Véu de Vênus.

Subjugar a mulher à vontade do homem a coloca em um estado de obediência em que ela jamais poderá dizer não. Essa submissão passa a ser tal que ela termina por acreditar no que nega a sua própria biologia. Quando falamos do Poder da Mente, não nos damos conta de que subjetivamente ele domina todo o nosso ser, incluindo a vontade, os medos, a afetividade, a estâmina e as crenças mais profundas. Ele manifesta na nossa vida aquilo em que realmente acreditamos e o que queremos. Se nos dizem desde crianças que somos defeituosos, assim acreditaremos toda a vida, a menos que algo muito forte infecte a vontade de sair do coletivo e descobrir o mundo. Por outro lado, como podemos querer o que nos dizem que não é apropriado ou o que nem sabemos que existe? Todavia, quando essa subjugação deriva de uma "ordem", ou seja, um comando da vontade de Deus por meio de dogmas e doutrinas religiosos, qualquer transgressão passa a ser quase impossível. Na teia da mente coletiva que nos envolve, todos recebemos esses comandos, crentes ou não crentes. O Poder da Mente existe – é um fato –, mas somos nós que o dirigimos tanto para o bem como para o mal.

O nosso trabalho é dizer "Basta" e sair dessa dimensão de pensamento para sempre. Sabemos que o pensamento humano foi manipulado por milênios, temos agora de saber sair desse abismo e voar. Sem diálogo, grupos de discussão, aulas a todos os níveis do ensino sobre ética social e sexual nunca chegaremos a lado nenhum. Todavia, tudo é possível quando estamos dispostos e temos meios para predispor os outros às grandes mudanças, tão necessárias para transformar a nossa sociedade.

Presentemente, um dos grandes desafios sociais é desenvolver o conhecimento sobre a anatomia da mulher e entender a importância da sua sexualidade, sensualidade e liberdade. Não mais podemos seguir os passos de nossas mães, mas convidá-las a seguir os nossos.

A nossa cultura é baseada no medo. A mentira nasce do medo de ter alguém com poder sobre as nossas vidas. Até hoje se diz que o homem possui a mulher, ou porque casou ou porque teve relações sexuais ou porque a amedrontou em algum cárcere que tanto pode ser físico como psíquico. O desejo de posse do homem encobre a sua falta de identidade em relação a si mesmo e ao seu ciúme do que a mulher tem e ele não. Ele tem de possuir, mas não se sente de ninguém, pois na realidade ninguém possui seja quem for. Esse desejo de posse pode aumentar a ponto de desejar magoar e até matar. O estupro é uma punhalada que atinge mais a alma do que o corpo, é poder de vida ou morte mesmo que momentâneo.

Dos mitos judaico-cristãos surgiram símbolos e arquétipos nos quais Eva transpõe o temor ao deus para o medo a Adão, e debaixo dessa mentira e desse medo as *"Evas"* deste mundo têm educado os filhos a serem como o pai, e as filhas, como elas. Quando a mãe morre, as filhas imitam os seus trejeitos, vestem-se das mesmas cores, educam da mesma maneira, na inconsciente vontade de mantê-la viva, enquanto escondem o sentimento de culpa por terem-na odiado. A mãe, no seu entender, julgava que ensinava o bem, enquanto extorquia o poder de escolha das filhas que, se pudessem escolher, não saberiam como, não as tinham ensinado. Por isso, a mulher é muito humilhada nos seus relacionamentos.

Quando as filhas queriam libertar-se do dramático plano das suas vidas, a mãe puxava-as com o eco das palavras que se repetiam por milênios. As filhas clamavam por amor, mas este se desvanecia no eco do grito das suas mães, avós e bisavós, entrando na longa antecâmara da morte, onde para sempre ficava arrumado, bem dobrado, bem fechado, enrolado em uma mortalha o desejo de saber quem eram, da descoberta de si mesmas e da sua sensualidade. Elas abriam as janelas e viam o céu azul, as primeiras flores da primavera, desejando correr e abraçar as árvores desses prados tão atraentes querendo ser descobertos pela carícia de brisas desconhecidas, as mesmas que envolveram as estátuas das deusas. Porém, a mãe fechava a janela de olhar cúmplice mostrando-lhes como ensinar suas futuras filhas, nascidas de úteros possuídos e atados nas raízes dos miomas. O ódio pela mãe é o espelho de outro ódio, o genético, pelo passado, pelo clitóris cortado ou nunca vibrado, pelo grito fingindo prazer, para mais depressa acabar movimentos bruscos e sem sentido, que só ferem quando não são desejados, mas que a mãe ensinou sorrindo a suportar, dentro da benevolência das mártires para quem a morte é um benefício.

A inveja não é do falo, mas do bolso que guarda a chave da prisão. Nas suas preces a mulher encontra um deus que a entende, porque, embora fosse homem, também lhe roubaram a sensualidade não permitindo que se saiba que Maria Madalena era sua mulher nem que sua mãe teria tido outros filhos de José. Na amargura de se ver enterrada viva, consola-se olhando o seu deus crucificado, sofrendo como ela. Por isso tanto gosta de se rodear de todo o tipo de cruzes, pois só elas podem acalmar o seu sofrimento. Veneram um deus que morreu às mãos do pai, para continuar crucificado nas diretrizes mascaradas de moral, que exaltam leis escritas na alma que o pai castrou, em uma intenção eterna. Algozes continuam a negar a humanidade dos deuses a suas filhas, para que o humano e o divino antropomórfico se identifiquem na dimensão do absurdo. O efeito psicológico coletivo ao longo de dois milênios de trevas entrega ao homem a noção errada de um imenso e incomensurável poder por ter sido tão poderoso que pôde matar um deus enquanto as Marias apenas choravam. Isso infectou o subconsciente da mulher com a ideia de que esse superpoder masculino sempre poderá ser exercido sobre ela, e ela nada pode fazer para se salvar. Dessa forma continuamos a venerar os deuses errados, sendo as nossas identificações inteiramente falsas, por terem nascido de um estupro teológico totalmente irreal e insano.

Nos tempos modernos, só em pequenos núcleos de algumas sociedades já não é o filho que morre às mãos do pai, nem o filho que morre em nome do pai, mas a mãe que definitivamente pare o filho, cortando-lhe o cordão umbilical com a lâmina da Verdade que por milênios esteve oculta ou dissimulada em intrigas dogmáticas. É o sacrifício da mãe fálica que tem possuído os filhos, enquanto lhes tem transmitido as fraquezas culturais que a formaram. É a sua ascensão a outro nível, vendo em si a responsabilidade de dar vida à liberdade. Libertar o filho para que este não precise afirmar-se copiando o pai. Libertando o filho de culpas incestuosas, a mulher eleva-se ao nível a que pertence. Só assim sexo sai do teatro obsceno, da obrigação, da vergonha, do abuso, do estupro, do medo e da mentira. Será reposto na verdadeira vontade que já não é afirmação, fonte de subsistência, poder ou controle, porque ninguém possuirá ninguém.

Justaposição de homem e mulher será justaposição de atitudes, para que os filhos, homens e mulheres do futuro, tenham uma vida verdadeira. Finalmente deuses e humanos deixarão de beber sangue. As entranhas da Terra não poderão jamais ser símbolo de inferno, mas o fulcro da existência da própria Terra, como as entranhas da mulher não são símbolo de vergonha ou pecado, mas a fonte do equilíbrio mental da Humanidade.

Capítulo 3

Tão Protegida, Tão Vulnerável

Demasiada proteção provoca tolice e aumenta a vulnerabilidade

Quando cheguei à idade de ir à escola, meu pai decidiu que a filha dele não iria para um lugar cheio de crianças. Sabia-se lá de quem eram filhas e que educação tinham... e resolveu que eu teria de ter uma tutora que iria em casa todos os dias da semana. Ela era jovem e eu gostava muito dela. Eu já sabia ler desde os três anos e fiz a primeira e segunda classes em um ano. No ano seguinte, meu pai tomou outra decisão, de seguir os passos do meu tio e dar início a alguns negócios em Angola. Entretanto, fiquei em Lisboa com minha mãe.

Sou filha única e raramente brincava com outras crianças. Tinha apenas uma prima da minha idade com quem passava algumas tardes, e um primo dois anos mais velho que raramente via. Todos os outros primos eram muito mais velhos do que eu. Quando uma vez na vida a minha mãe me levava ao jardim das Janelas Verdes, eu brincava sem saber dosar a correria, esfacelava os joelhos, arranhava as mãos, mas ficava feliz e sempre voltava para casa a chorar que queria mais.

Cada criança com suas manias; eu tinha uma. Odiava usar calcinha. Quando o meu pai foi para Angola, minha mãe despediu a tutora e matriculou-me em uma escola protestante que ficava na mesma rua do jardim das Janelas Verdes. Ela sempre me via atravessar a rua e entrar pelo portão de ferro da escola antes de voltar para casa. Do portão ao adro da escola havia uma grande escadaria de mármore que até o primeiro patamar ia para a direita e depois dobrava para o lado esquerdo. Um dia, eu já estava no meio da escada quando veio em minha direção um bando de meninas, talvez dez, lembro que uma era bem mais alta do que as outras e era ela quem dava ordens. Quais? Não lembro. Algumas eram minhas colegas que tinham descoberto que eu não usava calcinha. Caíram em cima de mim me magoando e tocando em meu sexo e ânus de uma forma tão atroz e tão grotesca que eu durante muitos anos ainda sentia desconforto, vontade de vomitar e ficava tonta quando pensava nisso. Na altura, tinha apenas seis anos. Isso foi *bullying*? Foi muito mais do que isso, foi estupro. Contei à professora? À minha mãe? Claro que não. Sentia-me culpada por, às escondidas, ter tirado a calcinha que ela todos os dias me vestia. De onde viria essa noção de culpa? Dos arquétipos cheios de Evas condenadas?

O meu primeiro estupro foi feito por meninas – futuras mulheres fálicas, acusadoras da mulher livre com vontade própria e de voz ativa fora do estabelecido.

Foi a partir daí e até os meus onze anos que me fechei e nunca tive uma amiga – nem falava com outros além do essencial. Tirava o consolo desejado no refúgio da leitura. Foi com seis anos que li *Moby Dick* – versão infantil, mas que não deixava de ser um livro denso. Pouco tempo depois a minha mãe internou-me em um colégio e divorciou-se do meu pai que logo me "libertou" e colocou-me em uma escola externa e católica no Campo Grande. O leitor já deve ter notado que lá em casa havia uma guerra religiosa, mãe evangélica e pai católico.

Eu não me lembro se era uma vez por mês ou por semana que um padre vinha ao colégio e que na sala da diretora nos recebia uma a uma para a confissão. Também não me recordo se éramos avisadas com antecedência, a única coisa de que me lembro era odiar esses dias. A única tarde que é bem clara na minha memória foi uma vez que chorei na frente da classe e pedi à professora para chamar um táxi para me levar para casa. Ela disse que não e, quando chegou a minha vez de confessar, fui para o escritório e fechei a porta atrás de mim, como era costume. Depois me lembro de o padre estar sentado em uma cadeira na frente da escrivaninha e eu de joelhos mais ou menos de lado entre as suas pernas, com ele me apertando fortemente contra si. Acho que gritei, mas se o fiz ou não só me lembro de que ele me ameaçava (algum castigo de Deus, não sei...) enquanto me apertava mais e mais, e isso doía. Porém, eu não entendia absolutamente nada do que estava acontecendo. Sentia-me presa. Sufocada. Sabia que algo estava muito errado, nada mais. Miraculosamente nesse momento a porta se abriu de par em par, a diretora mandou-me de volta para a sala de aula e nunca mais vi esse padre nem nunca mais houve confissão na reitoria.

Isso foi o quê? Estupro, pedofilia, abuso de poder – quem vai contar que um padre a apertou a ponto de magoar? Quem daria ouvidos a uma criança? Se a professora não tivesse visto, eu passaria por mentirosa, contudo ninguém contou esse incidente ao meu pai e eu também não – era como se eu e a diretora da escola tivéssemos feito um pacto de silêncio.

Pouco tempo depois entrei para o liceu, ou seja, o secundário. Como muitas filhas de boas famílias daquela época, fui internada no Dominican College of Bom Sucesso de freiras irlandesas, embora o colégio fosse inglês, onde permaneci por cinco anos. Meu pai faleceu quando eu tinha treze anos e segundo a lei portuguesa eu fiquei sob a tutela da minha mãe, apesar de minha madrasta querer ficar comigo e eu com ela. Para me livrar da minha mãe eu sabia que só haveria uma forma, casar. Apareceram dois pretendentes e comecei a namorar um deles. Eu tinha apenas catorze anos e ele tinha vinte e seis. Um dia, o coral do Bom Sucesso, do qual fazia parte, foi cantar na igreja do Corpo Santo, dos padres irlandeses dominicanos. Quando saí, antes de entrar para o ônibus do Colégio, vi meu namorado e dei-lhe um beijinho bem na bochecha. Quando chegou o dia da confissão que sempre era "presidida" por um dos padres irlandeses do Corpo Santo, resolvi confessar meu "pecado". Sempre íamos para a igreja em grupos de dez e a confissão de cada uma nunca demorava mais de três ou quatro minutos. Se alguma ficasse mais de cinco minutos todas tínhamos o direito de cogitar sobre algo terrível que ela tivesse feito. Se demorasse dez minutos, já nem era virgem. E... naquele dia fiquei muito tempo no confessionário. Quando disse ao padre que tinha dado um beijinho no namorado, tive de responder a perguntas sem sentido, como: "Tem a certeza de que não tocou nos lábios?" ou "O que sentiu?" ou "Ele não te tocou no seio?" ou "Tem a certeza que não está a mentir?" e tornava a fazer e a refazer as mesmas perguntas em português e em inglês. Eu só dizia "não, não, não" e quando saí da igreja tive de contar tudo às minhas colegas cheia de medo de que elas pensassem que eu não fosse virgem, o que eu nem sabia bem o que era. Nunca mais me confessei.

O desconforto que senti com esse interrogatório; o sentimento de injustiça que pesou sobre mim; a falsidade disfarçada em *"palavra de Deus"*; a ferida na alma e no sentido de moral que eu tinha naquela época; essa indagação que devassa e corrompe; essa invasão da pureza infantil no intuito de violar e semear maldade; essa vontade de perverter a privacidade e intimidade no intuito de criar uma abertura, para que assim ele pudesse – naturalmente pelo medo ou vergonha – estabelecer o recreio da sua astuciosa malícia. Tudo isso me leva a perguntar se não foi estupro psicológico ou preparação para um abuso maior.

Antes de começar a namorar, nas férias de verão com a minha mãe passamos um dia na praia com um amigo dela, minha avó, meus tios e meu primo favorito. Eu tinha treze anos. Notei que minha mãe esteve irritada o dia inteiro, mas meu primo era superdivertido e eu não tinha tempo para pensar muito. Juntos mergulhamos, nadamos, apanhamos lambujinhas, jogamos cartas, conversamos e rimos bastante.

Quando no estacionamento nos despedimos do amigo da minha mãe ele, de repente – sem mais nem menos –, agarrou-me e beijou-me nos lábios. Que nojo, ele ainda por cima tinha algum problema de pele e a meu ver era um velho horrendo. Tenho a certeza de que se fosse jovem eu sentiria o mesmo, mas naquele momento senti a força que só um homem mais velho pode exercer sobre uma criança, a ponto de quase paralisá-la. Mais tarde entendi que ele tinha me assediado o dia inteiro. Sentira o seu olhar vulpino e canino, mas nem liguei. Estava tão distraída com meu primo – pequenas alegrias de quem é filho único. Pergunto-me, naquela altura, se estivesse mais atenta, por conta de minha ingenuidade, será que iria entender e evitar o que aconteceu? Minha mãe deu-lhe um encontrão, creio que lhe bateu na cabeça; algum ato violento aconteceu, mas só me lembro de me agarrar à minha avó com vontade de vomitar.

Três anos depois casei com a pessoa a quem tinha beijado a bochecha no átrio da igreja do Corpo Santo. A única vez que tinha estado a sós com ele antes do casamento foi quando um dia saí do colégio para dar roupa, cobertas e livros aos pobres e consegui "fugir" do meu grupo por uns minutos e entrar no Mosteiro dos Jerônimos, onde tínhamos encontro marcado junto ao túmulo de Vasco da Gama. Foi aí que demos o primeiro beijo e eu não gostei. No dia em que ele me colocou a aliança de namoro minha avó ficou desconcertada, pois ele demorou muito tempo com a minha mão entre as dele – nem tinham sido trinta segundos... E ele? Vinha de uma família muito humilde, em tudo éramos diferentes. As únicas relações sexuais que ele tinha tido antes de casar foram com prostitutas. O que sempre pensei dele foi: o pai dos meus filhos era um bom homem, creio que não foi melhor por ignorância e por cultura.

Casei virgem com dezesseis anos e ele, vinte e oito. "Totalmente virgem", e na minha (agora tão irritante) ingenuidade nem sequer sabia que o homem tinha ereção. Sabia que havia introdução, mas não tinha ideia de como funcionava a mecânica do organismo e do aparelho genital. Embora nem pareça, mas a superproteção dos pais em relação à criança também é uma forma de abuso infantil com grandes e por vezes terríveis repercussões para a vida adulta.

Com tão pouca idade já tinha lido muito, com certeza mais de duzentos livros, mas nunca um livro útil a uma realidade inevitável. Nem chá ou ovo eu sabia fazer, mas sabia dançar valsa, e ele não dançava; tinha sido a melhor aluna em estética musical, mas nunca fomos a um único concerto de música clássica; caminhava, falava, comportava-me como uma princesa para ter ido viver em um bairro de classe média baixa... Na realidade, tinha tido uma educação esmeradamente inútil.

Depois do casamento viajamos para Coimbra onde ficamos em um hotel. Ele não me deu muito tempo para pensar e eu não preciso descrever uma das piores noites da minha vida. Enfim, embora as dores fossem extremas, ele teve relações sexuais comigo sete vezes nessa noite. Eu vi o céu fugir. O mar secar. O Universo morreu e eu estava só perante o espelho do vazio. O romantismo era uma mentira que só servia de armadilha. Entrei no inferno onde todas as ilusões se fundiram com as inflamações da Terra.

Ao voltar da lua de fel, a cunhada e primas perguntavam se eu "gostava". Respondia que não. Elas não me entendiam nem eu ao seu incoerente masoquismo. Lembro-me de que o resto do mês foi passado na casa da minha sogra que ficava perto da Serra da Estrela. De manhã cedo, enquanto ele dormia, eu tão dolorida olhava pela janela desejando poder voar para lá daquelas montanhas. O céu continuava fugindo e eu só me preocupava em saber qual seria o segredo da resignação.

Fiquei grávida e ele me obrigou a abortar. Naquela altura nem sabia o que isso era. Não queria, mas no fim tive de ceder à pressão da família dele e, enquanto quase morri com ferros raspando a vida que nascia em mim, ele tomava cerveja com os amigos do outro lado da rua, literalmente.

Um ano e meio mais tarde engravidei da minha filha. Meses depois de ela ter nascido fiquei grávida de novo. Ele queria que eu fizesse um aborto, mas eu não queria. Ele pediu a todas as mulheres da família e mulheres de amigos dele para me convencerem, mas eu sempre disse que não. Ele chegou a levar-me a uma clínica, mas recusei-me. Ele zangou-se, gritou, disse que era ele quem mandava, pois não ganhava o suficiente para ter dois filhos. Eu só dizia que não. Pouco respondia, pouco tinha para explicar. Apenas queria curtir a minha gravidez. O meu filho nasceu treze meses depois de minha filha ter nascido e na semana seguinte a eu ter completado vinte anos. Seria a última vez que dava à luz.

Os meses e os anos passaram e eu vivendo em um pequeno apartamento. Sempre só, além da companhia dos meus filhos. O pai deles trabalhava, ia jantar em casa para, em seguida, sair com os amigos. Aos fins de semana por vezes saíamos para ir ao cinema e almoçar fora, mas logo ele ia ao futebol ou para o café com os amigos. Eu sofria sem saber por quê. Sentia que me faltava algo, sem saber o quê. Queria algo além dali, mas sem razão... Melhor era não pensar muito. Como poderia eu oferecer resistência? Exigir o meu direito a trabalhar ou estudar seria inconcebível e eu não sabia que tinha direitos. Tinha a vida que escolhi e a grande diferença com os outros era que eles gostavam da vida que tinham e eu apenas gostava dos meus filhos. Estar com eles era suficiente. Lembro-me de escrever muita poesia e hoje nem sei o que daria para reler esses sonetos. Não tinha uma única pessoa com quem desabafar, todos os meus conhecimentos arranjariam uma maneira de lhe contar as minhas mágoas e isso seria uma tragédia. Minha madrasta seria a única, mas eu sabia que ela tinha, sem ter dito, reprovado esse casamento desde o início, e eu não podia colocar-me na posição de perdedora. Ela representava o meu pai na minha vida e eu jamais daria o braço a torcer. Nunca me perguntei onde estaria dali dez anos, se me sentiria tão resignada como nessa altura. Minhas inquietudes sempre terminavam com a resolução de não pensar muito.

O tempo passava. Durante anos vivi totalmente dedicada aos meus bebês. Se tinha algum tempo livre, lia e colecionava selos. Sempre li muito. Era o meu refúgio, a minha praia, o meu paraíso. Ele nem permitia que eu mencionasse trabalhar ou estudar. Chorar para quê? No ombro de quem? Nem sabia do que me queixar. Na realidade, perante os outros, eu seria uma ambiciosa ou uma ingrata. Que mais queria além de uma vida tão confortável, sem ter de trabalhar ou estudar...

Por nove anos vivi encerrada em um apartamento de três quartos e para ver minha mãe tinha de pedir autorização, o que me era negado, mas eu continuava pedindo. Minha madrasta sempre me visitou, no mínimo duas vezes por mês. Ao contrário, minha mãe só foi lá em casa uma vez – ela não gostava do pai dos meus filhos, nunca soube por quê. No entanto, eu tinha um mês por ano com uma certa folga. Fazia campismo com os meus filhos na praia da Costa da Caparica. Andávamos sempre juntos. Eu continuava lendo um livro atrás do outro e conversava com outras mães, mas não muito. Nos fins de semana, o pai deles passava duas noites conosco. Depois da praia passávamos um pouco mais de um mês na casa dos avós dos meninos na Beira Alta. Eu era uma prisioneira com férias anuais, mas bem supervisionada. Seria isso ser vítima de machismo? Na realidade era sequestro e um épico estupro ético, físico e mental. Mas nessa altura não se falava nesses termos e muito poucas mulheres pensavam... só em segredo e eu não era uma delas.

No dia em que fiz vinte e três anos, minha querida madrasta e uma prima foram me visitar. Nesse dia ela tinha um grande propósito, além dos lindos presentes, como roupa – último grito da moda –, brinquedos para as crianças, flores, doces e livros. Foi ela quem me emprestou ou deu a maior parte dos livros que li durante esses anos. Perguntou-me sobre a minha vida sexual e, como já esperava, constatou o desastre quando eu disse que detestava. Perguntou-me se eu sabia o que era relação oral. Não tinha a mais vaga ideia. Até fiquei enojada... Ela explicou que se sexo era só dor e sacrifício o casamento não ia bem, pois sexo teria de ser prazeroso. Mas ela nunca diria para me divorciar. Estávamos no início dos anos 70.

A partir desse dia eu passei a tomar mais atenção às minhas próprias reações e à minha vida. Mas não havia nada a fazer, eu tinha dois filhos. A situação piorou, o meu rosto era uma espinha só. Vermelho sem brilho. Sentia-me cada vez mais presa. O grande desejo de estudar crescia e ia além de toda a resistência mental e emocional. Decidi dizer-lhe a verdade – que odiava sexo. Disse tudo. Disse-lhe que fingia. Quem me ensinou? Ninguém, talvez o instinto ou por imitação. Ele falou com um psiquiatra. Foi sozinho para uma primeira visita e depois comigo. Eu disse que detestava sexo e tudo o que queria era estudar. Na frente do médico ele foi peremptório: "Oitenta por cento das mulheres que saem para estudar ou trabalhar são putas. Se ela sair, quando voltar eu terei mudado a fechadura". O médico receitou um monte de remédios para me excitar sexualmente. Eu ia morrendo. Não podia andar de carro que tinha a impressão de que as árvores saltavam para o meio da estrada. Tremia, tinha calafrios. Ele fez um diagnóstico que nunca passaria pela cabeça de qualquer médico: eu era frígida e não havia nada a fazer. Jogou todos os remédios no lixo, mas eu não podia ir dormir em outro quarto. Éramos casados, teríamos de dormir juntos. As coisas pioraram ainda mais. Ele chegava a casa, como sempre tinha sido, mas agora me incomodava muito mais, cheirando a aguardente. Um dia eu disse basta sem proferir uma palavra. As crianças já tinham seis e cinco anos.

Aluguei um apartamento e um dia levei os meus queridos filhos à escola e não voltei mais.

O filho de um amigo do meu pai era presidente de uma companhia. Pedi-lhe emprego dizendo que não sabia fazer nada. Tudo de que precisava era uma datilógrafa e me contratou como sua assistente. Finalmente eu podia trabalhar e estudar. Cada dia era um aprendizado cheio de pequenos triunfos. Por outro lado, o pai de meus filhos continuava a torturar-me – fazia tudo para eu não ver nem sair com as crianças. Para vê-los de relance me escondia nas sombras do jardim por onde, acompanhados pelo pai, tinham de passar para ir à aula de judô. Um dia em que fui buscar os meninos para sair, minha própria filha, já de cabeça "lavada", me chamou de puta! A advogada que contratei para o divórcio me acusou de ter "abandonado" os meus filhos. Ela apenas aceitou o caso pelos honorários, mas com desprezo pela cliente. Eu não tinha razão para me divorciar e deixar os meus filhos, portanto não teria direito algum. A minha própria mãe me abandonou praguejando contra mim. Sem dúvida que ele tinha meios econômicos, familiares e sociais, além de um bom grupo de suporte que adorava os meus filhos, muito mais interessantes do que eu. Eu apenas tinha a mim mesma, nada mais. Quando o deixei disse adeus a tudo, absolutamente tudo. Por isso concordei em que ele ficasse com as crianças. Eu fiquei absolutamente só no mundo, abandonada por todos e sem saber como viver neste mundo. A rejeição que senti não há dor igual, o que sofri ninguém pode imaginar, mas uma força que ia além de todo o raciocínio me dizia para não voltar.

No início, sentia-me muito só e nos transportes públicos não sabia para onde olhar, se pela janela, se para o teto, se para o chão ou para o infinito, mas nunca para as outras pessoas, pois me dava a impressão de que todos me acusavam de ter abandonado os seres mais preciosos da minha vida. Isso era parte da culpa que sentia, pois eu também tinha sido infetada pela cultura em que nasci, a qual fluía como um riacho de fuligem pegajosa regando todos os meus neurônios, raciocínio e lógica. Mais uma vez os livros me salvaram. Sempre li muito em transporte ou qualquer lugar público.

Resumindo, o que aconteceu comigo durante nove anos? Fui estuprada; sofri violência doméstica; abuso psicológico e físico; fui sequestrada; fui obrigada a fazer um aborto; lutei para ter um filho contra a vontade do mundo; fui acusada e convencida de que era frígida; do meu drama fui a vilã; fui difamada; proibida de ver meus filhos; beirei a insanidade.

Fui estuprada? Mas eu tinha lhe dado toda a permissão quando assinei um documento – o contrato de casamento. Sim, perante a sociedade, mas não perante uma mente sã. Não sabia o que me esperava. Será que a primeira violação que deu motivo à minha aceitação e participação sem protestar teria sido a falta de uma educação real? De explicações maternas? Do hipócrita puritanismo das freiras? Do "segredo" ou "conhecimento" em que as meninas que sabiam um pouco mais se fechavam com medo dos castigos internos e eternos?

Acredito que milhares e milhares de mulheres passaram e ainda passam por experiências idênticas à minha, e, se algumas se revoltam como eu, outras para sobreviver têm de se armar de algum fenômeno mental muito forte. Sei que muitas acabam por rastrear certa dignidade dentro do contexto chamado "síndrome de Estocolmo" ou "ligação de captura". Isso é um fenômeno, que pessoalmente considero que vem da força instintiva necessária à sobrevivência mental. "Síndrome de Estocolmo" é um fenômeno no qual reféns expressam empatia ou simpatia, e por vezes algo mais forte como amor ou desejo, por seus algozes ou captores, muitas vezes defendendo-os ou se identificando com eles ou seus ideais. Esses sentimentos são considerados irracionais, visto que muitas dessas vítimas continuam a ser abusadas e violadas, mas teimam em considerar que a atitude de seus captores são atos de bondade e benevolência. Isso acontece com muitas mulheres do mundo inteiro que não têm coragem de se desligar de relações nas quais são agredidas de várias formas físicas e mentais. Eu mesma, de uma maneira totalmente inconsciente, em parte vivi esse fenômeno durante o período em que fui casada com o pai dos meus filhos.

Quanto aos extremos da maldade humana, falando ainda de estupro, como pode ser possível uma mulher ser estuprada de noite e sair à rua de dia sem que ninguém desconfie? A violência sexual na maior parte das vezes não deixa marcas visíveis nas partes do corpo que ficam por fora dos vestidos. Em princípio o estupro marital não deixa marcas corporais, apenas na alma. Os homens podem na sua vida particular fazer o que quiserem, pois a tudo são autorizados e perdoados segundo a proteção do casamento. Para piorar as coisas, no meu caso, se eu dissesse "não" tornar-me-ia ainda mais "irresistível". A minha experiência mostra o que a maior parte da população mundial não sabe: maridos também estupram. Nesse contexto quem poderia me salvar? Só a morte ou a loucura, mas eu não queria morrer nem enlouquecer. Não venham agora dizer a frase da moda, que durante nove anos ele teve vários surtos psicóticos. Ele não era nenhum psicopata, mas simplesmente vítima da sociocultura dos seus tempos e da ignorância da qual nunca desejou sair por ser tão cômoda. Nessa altura a lei estava inteiramente do lado dele.

Sobre o aborto que eu não queria e era coisa que, repito, até aí nem sabia que existia, mas ao qual me obrigaram – não teria sido a maior violação da minha pessoa, da minha alma, da minha vontade, da minha razão de ser? Também, mais tarde aquilo que me levou a veementemente negar fazer um aborto não foi nenhuma razão moral, apenas uma vontade natural ou instintiva. Na minha maneira de ver daquela época, tudo era tão simples que, se alguém me perguntasse qual o motivo da minha recusa em fazer um aborto, eu ficaria abismada com a pergunta. Na altura, era tão ingênua que hoje só de pensar fico irritada, mas, por outro lado, meus instintos eram muito fortes, e nunca entendi onde fui buscar tanta força.

Tenho a dizer que não sou contra nem a favor do aborto. Dentro do misticismo a alma só encarna no momento em que o recém-nascido respira pela primeira vez, por isso os livros considerados sagrados falam do "sopro divino". A gestação física forma um embrião que se desenvolve por nove meses, o que a alma não precisa acompanhar por ser eterna. Sendo assim, a alma só encarna quando o feto tem vida própria, no momento em que o cordão umbilical é cortado e o bebê respira pela primeira vez.

No meu ponto de vista, o aborto é uma decisão que pertence só e apenas à mulher e ninguém tem o direito de condená-la. Quando se fala em aborto, o homem, o pai, nunca é condenado, apenas a mãe. Porém, quem assina as leis e quem decide o grau do "crime" são os homens, com muito poucas exceções em todos os países do mundo. Durante um tempo no Brasil, um país que pretende ser enquadrado entre os países ocidentais, a responsável pela Secretaria de Políticas para Mulheres era contra o aborto, mesmo em caso de estupro. Na minha forma de ver e sentir, quando ideias como esta vêm de uma mulher é muito mais doloroso. É inadmissível que uma mulher com essa mentalidade seja, no século XXI, escolhida para tal cargo, e isso só aconteceu por ser um país governado por evangélicos. Na realidade, o Brasil não é um estado laico, apenas para inglês ver. Os políticos vão abertamente aos cultos comprar votos. Muitas corporações preferem empregados "crentes" e chegam a despedir os que assim não são quando a administração muda. Leis sobre o aborto sempre foram decididas segundo a religião.

Todos sabemos que a pressão religiosa influencia a sociedade, mas no que diz respeito ao aborto a Igreja também rejeita os anticoncepcionais. A contradição vem quando constatamos a hipocrisia do puritanismo e a moral que essas instituições religiosas criaram, quando, por outro lado, não apoiam a mãe solteira, desvirginada, "sem honra", muito menos uma adolescente grávida. Essa mulher, que na maioria dos casos é muito jovem, ao ver-se desamparada, abandonada, humilhada e socialmente desprotegida, muitas vezes rejeitada pelos próprios pais e sem apoio econômico para pagar a quem guarde a criança enquanto trabalha ou estuda, vê-se obrigada a abortar e se não tiver dinheiro para isso acaba por abandonar os filhos ou dá-los para adoção. No Brasil, os homens são a maioria a assinar leis contra o aborto – os abortos clandestinos acontecem aos milhares e matam quarenta e sete mil mulheres por ano, ou seja, cento e vinte e oito mulheres por dia, de acordo com a

Organização Mundial de Saúde. A proibição não reduz o número de abortos, apenas humilha, infecta e mata.

Em outras sociedades, a pobreza material e ética é tal, que os pais vendem seus próprios filhos. O grande problema é que as instituições que condenam o aborto nada fazem para proteger a criança depois do nascimento, como se a vida humana apenas fosse valorizada durante o período de gestação. Será isso parte da complexidade econômica que inclui a necessidade de soldados e "escravos" ou mão de obra barata? Será também isso parte do jogo necessário à Nova Ordem Mundial para a diminuição da humanidade de uma forma gradual e imperceptível, através do baixo nível de vida, cartéis, drogas – proibidas e permitidas, algumas obrigatórias, como certas vacinas que provocam outras doenças ou esterilizam e epidemias criadas em laboratórios? Parecem contradições, mas, longe disso, são realidades.

Repare, leitor, no longo caminho que percorri desde essa ingenuidade dolorosa e quase criminosa a que fui sujeita até a mulher que sou hoje – sabendo ver com clareza as várias facetas desta sociedade tão absurda em que vivemos. Se eu consegui, todos conseguem. Infelizmente, na nossa sociedade o direito ao aborto é uma necessidade real e só mulheres podem e devem decretar as leis nesse sentido. Vale mais abortar que colocar mais criminosos ou soldados neste mundo. Se não houver condições para lhes dar uma boa educação, e a mãe tiver de levar uma vida de necessidades e dependência – economicamente de homens, emocionalmente de drogas, fisicamente de uma sociedade que não a respeita –, o aborto é uma necessidade. Por outro lado, temos de urgentemente tomar uma atitude, pois nenhum homem – absolutamente nenhum – tem o direito de meter o bico nessa decisão. O aborto é praticado desde tempos imemoriais, muito anterior aos egípcios que usavam bexiga de camelo como diafragma. Sonho com o dia em que a Humanidade não mais tenha de recorrer a essa prática que tanto prejudica a saúde mental e física da mulher, mas no momento temos de ser firmes e tirar o nosso útero das mãos dos homens.

O fato de, entre os meus dezesseis e vinte e cinco anos, eu não ter podido ter amigas nem sair para estudar ou trabalhar e ter de pedir autorização para ver a minha mãe ou madrasta, embora saísse para ir ao mercado, e de vez em quando sair com o pai de meus filhos ao café, ao cinema ou almoçar a um restaurante, o que é isso? Sequestro. Um sequestro amenizado por umas saídas que talvez adiassem a loucura – mas assim mesmo era sequestro, pois ficava confinada contra a minha vontade. Tinha a chave da porta, mas não podia sair sem permissão. E só décadas depois me dei conta da extensão de tal violação, ou era eu que não queria colocar um rótulo que oficializasse o crime de que fui vítima? Abuso psicológico, físico e sequestro, mas, quando me libertei, ou melhor, fugi dessa prisão, eu que era considerada uma mãe maravilhosa, fui acusada de ser uma mãe desnaturada e de outras coisas mais. Perante a sociedade teria sido muito melhor ou mais digno eu ter morrido de desespero, de loucura ou suicídio e assim ensinaram os meus filhos a pensar. Eu que tinha sido a vítima acabei por ser considerada a vilã da história. Fui difamada para propositadamente terem desculpas para não me deixar ver os meus filhos. A última vez que falei com o pai deles, ele disse que tinha medo que eu fugisse com meu filho.

Quanto à minha suposta frigidez sexual, depois de tanto tempo tendo sexo sem saber o que era um orgasmo, nem ter tido uma relação harmoniosa e linda, passados largos meses da minha separação, acabei por descobrir a vida, a razão por que há poetas, paixões, música, alegria, beleza, humanidade. Alguém com muita paciência me provou que não existe mulher frígida, e que eu com certeza não andava nem perto disso.

Neste triste mundo patriarcal, onde o machismo é uma necessidade para a sobrevivência de uma cultura cancerosa, violenta e vazia, a mulher que se revolta é considerada terrorista, como certamente o seria nos países árabes, assim como indigna, puta, ignóbil e sem mérito para ter o amor dos filhos. A desobediência da mulher que já não se submete nem aceita a submissão ensinada por suas mães e avós é o efeito da coragem que o Princípio Feminino desperta no cerne do mais íntimo sonho da humanidade através da mulher. Os lobos disfarçados, aparentemente tão magnânimos, tendem a fugir – sejam eles homens ou mulheres submissos ao arame farpado de um mundo que se afoga na alienação e na violência a cada dia que passa. Neste mundo acusatório, injusto e cruel, a incapacidade do patriarca arrasta a humanidade à extinção por meio da demência impregnada de distúrbios sexuais. Eu diria que há países onde a maior parte de seus cidadãos sofre de demência. Nos últimos séculos, muita gente entrou para manicômios por ter dores de cabeça e morreu louca depois de poucos anos. Tive uma prima, cujo marido, nos anos 50, a meteu em um manicômio, quando ainda jovem, para receber a enorme fortuna da mulher. Ela morreu passados poucos anos.

Apesar de todo este sofrimento, caos e crueldade, eu sei que de dentro dos nossos sonhos uma voz grita com a força do mar para que a mulher não só sobreviva, mas também que finalmente possa viver em toda a sua glória. O inconsciente coletivo sabe que só a mulher pode salvar o princípio feminino dos dragões que a guardaram nas mais horripilantes cavernas durante mais de quatro mil anos. Na realidade, somos nós que colocamos os dragões nos nossos castelos sem ver que em lugar de nos protegerem nos castram e aprisionam. Nesse meio-tempo, esses mesmos dragões também têm a oportunidade de se transformar na medida em que tenham vontade de se salvar das cobras e escorpiões da cruel e desumana religião patriarcal e do machismo ignorante e assassino. Chegou o momento de sermos extremamente honestos e permitir que o desapego a nossos conceitos e crenças nos permita ver a realidade com toda a liberdade possível. Seria bom enfrentar a incoerência em condenar o patriarcado e o machismo, sem ver a sua origem histórica que religiosamente defendemos.

Quero falar agora de algo que muito me apoquenta. Todos sabemos que estupro e violência contra a mulher acontecem em todos os níveis sociais, embora com mais ênfase nas universidades e nas comunidades onde há muita pobreza. Onde a angústia econômica e a falta de autoconfiança levam muitas mulheres a não poderem falar por causa do medo que têm dos traficantes. São lugares nos quais muitas vezes o horizonte mais satisfatório é a droga, portanto onde há mais promiscuidade, o que facilmente induz ao estupro, e onde tudo se predispõe para que as condições mais abjetas e humilhantes da vida humana destruam qualquer vestígio de autoestima ou autorrespeito, como acontece em locais como cracolândias e favelas. No desânimo dessa esfera de vida, a mulher torna-se indiferente e impassível ao que lhe possa acontecer. Muito poucas se queixam de estupro ou violência, e ainda menos as autoridades lhes dão ouvidos. O que fazer para tirá-las de lá?

Por outro lado, devemos enfrentar o fato de que no mundo há mais casos de estupro aparentemente permissivo do que o contrário. Infelizmente isso faz parte do "contrato social"; como Rousseau dizia, a liberdade é inerente à lei livremente aceita. "Seguir o impulso de alguém é escravidão, mas obedecer a uma lei autoimposta é liberdade." Só que as noivas ao darem os seus votos matrimoniais não têm ideia do que as espera a partir desse mesmo dia. O lobo camuflado debaixo do cordeiro engana a chapeuzinho vermelho sem salvação por ter caminhado na via, o que para um coração puro é impensável. Para piorar as coisas, as bruxas das florestas da vida ainda a criticam quando ela se liberta, simplesmente por não terem tido a coragem que ela teve quando disse "Basta".

Madre Teresa de Calcutá um dia disse: "A palavra convence, mas o exemplo arrasta. Não se preocupe porque seus filhos não o escutam, eles o observam todos os dias"; e eu acrescento: para o "bem e para o mal". Portanto, não esqueça que toda a vez que você grita isso é registrado no córtex cerebral e no subconsciente de seu filho, e ele apenas seguirá o seu exemplo, não tanto os seus conselhos. Os filhos precisam de muito amor e disciplina, o que não são dois princípios antagônicos, mas complemento um do outro. No que diz respeito ao amor, devemos ouvir os filhos e sempre estar muito atentos às suas reações.

Onde quero chegar? Quando algum dos seus filhos e filhas se queixar de alguém, seja quem for, mesmo que seja o pai, o avô, o professor, o padre, o frade, o pastor ou o irmão, acredite nele ou nela. Não os atire às feras. Lembre-se de que a sua atitude em desmentir, não lhes dar crédito ou ainda acusar, é para eles/ elas muito mais humilhante do que terem sido violentados, abusados ou estuprados, pois nesse caso a maior estupradora passa a ser você. Recorde também que esse filho humilhado e abandonado à sua dor um dia poderá querer vingar-se estuprando outras crianças, pensando em você.

O que acabei de dizer não é duro, é a realidade. Quantos meninos eram estuprados nos colégios internos e ao contarem a seus pais ainda apanhavam e eram mandados de volta para os seus respectivos colégios? Muitos deles se tornaram estupradores, outros tinham duplas personalidades, outros tiveram grandes distúrbios, muitos ficaram insensíveis à dor alheia e outros são psicopatas. Outros ainda enlouqueceram ou se suicidaram. Só com o decorrer de muitos anos alguns chegaram a melhorar e até esquecer. Por outro lado, uma grande parte das mães se recusa a ouvir ou aceitar quando as filhas lhes dizem que foram estupradas, principalmente quando se trata do seu provedor financeiro ou de quem é responsável pela sua posição na hierarquia social. Isso aconteceu e acontece com pessoas de todas as camadas sociais, em todos os países, como foi o caso da incomparável novelista do século XX Virginia Woolf, estuprada pelo irmão e pelo pai, cuja mãe ficou insensível a seus lamentos e súplicas e que acabou por se suicidar. Todas/os que são rejeitados pelas mães ou familiares e que em vez de os ouvirem ainda os acusam ou mandam calar sofrem a vida inteira de baixa autoestima, tornando-se presas fáceis de pessoas que deles abusem, seja de que maneira for. Na realidade, eu acredito que momentaneamente ou a longo prazo se dá uma morte mental parcial, quando o estupro é seguido de repúdio e humilhação. Dentro desse quadro a mente fica muito fraca precisando urgentemente de ajuda profissional, mas assim mesmo o processo de revitalização pode ser muito difícil. Também creio que desporto é essencial para qualquer tipo de recuperação.

Talvez seja muito duro ouvir dizer que a mulher tem uma grande culpa na violência que assola qualquer sociedade. Contudo, temos de acreditar que, se não aceitarmos as coisas como elas são, tanto os nossos erros como as nossas possibilidades, jamais poderemos cortar a raiz deste câncer.

No início da minha vida adulta, ainda não sabia que havia outras possibilidades além do que me era apresentado, e quantas mulheres ainda vivem dentro dos mesmos padrões e das mesmas circunstâncias e restrições sem imaginar que há outros horizontes? Mais tarde, a única coisa que eu sabia era que tinha de me livrar da autopiedade, sem queixas ou lamentos, e seguir em frente de cabeça bem erguida. Porém, o que me parece mais grave é que muitas vezes somos estupradas sem nos darmos conta e sem termos a mais vaga ideia de que estamos sendo vítimas de um abuso que além de físico é psíquico, pois dentro da humilhante falta de respeito que toda essa engrenagem gera acabamos por nos sentir destruídas e trucidadas pela imensa e infinita mágoa que é a rejeição, a qual vai muito além do repúdio pessoal. Naquele instante em que somos abusadas, surge uma força destruidora do mais sagrado que existe no âmago de todas as mulheres. Parece que, naquele momento, a força a que chamamos Eterno Feminino se desintegra e morre para sempre – enquanto ficamos violentamente sós no meio de um universo inteiramente vazio. Esse sofrimento é fruto das três maiores causas da crueldade humana: a injustiça, a humilhação e a rejeição. O estupro inclui as três.

No fim dessa sequência de acontecimentos e pensamentos nos quais refleti por longo tempo, acabei por compreender que aquilo que urgentemente tem de ser mudado na humanidade não são só os homens, mas também as mulheres. Ambos têm respectivos graus de responsabilidade perante o futuro. Isso em razão do fato de que são elas que educam e transmitem os princípios e os conceitos da cultura a seus filhos e filhas, o que se dinamiza e expande pelas escolas e por toda a sociedade. A mulher sempre foi, e é, a candeia da humanidade. No dia em que ela intrinsecamente mudar a maneira de pensar e educar, o mundo também muda. A sociedade patriarcal só se sustenta porque a mulher é o seu pilar. Temos de aceitar essa realidade e mudar o foco. Quando a mulher evolui, a sociedade cresce e muda. Essa é a grande responsabilidade que carregamos nos nossos ombros, embora ainda sem consciência disso.

> **Nota da psicóloga Íria Sulser:**
> A violência física e psicológica que é sofrida na surdina cotidianamente por muitas mulheres ainda é muito presente no mundo atual. Pesquisas demonstram claramente que eventos traumáticos, especialmente sexuais, ocorrem em números significativos e as sequelas psicológicas desses traumas são vastas. Um trauma, de acordo com a Sociedade Americana de Psiquiatria, é definido como um evento que envolve a percepção de um perigo momentâneo e elicia uma resposta emocional de desamparo extremo, medo intenso e horror.

Capítulo 4

Não à Autopiedade

*"A morte não é a maior perda na vida.
A maior perda é o que morre dentro de nós
enquanto estamos vivos".*

Anônimo

Eu ainda acreditava em tudo o que me diziam; de um a cem a minha ingenuidade desceu para cinquenta, mas ainda era desastrosa.

Resolvi deixar Portugal e ir estudar em Paris. Tinha uma amiga brasileira que estudava medicina e morava na cidade universitária, onde eu queria viver. Resolvi me encontrar com ela. Antes de concretizar o sonho, vivi por um mês em um sexto andar, *chambre de bonne*. Quando chegou o dia em que me mudaria para a cidade universitária, já de mala feita cheguei à secretaria e fui avisada de que o quarto só estaria disponível no dia seguinte. Fiquei desesperada. Onde iria dormir naquela noite? Falei com uma conhecida. O namorado dela era amigo de um chileno que tinha quarto na cidade universitária, mas sempre passava a noite com a namorada. Falamos com ele. Deu-me a chave do quarto e mostrou onde poderia colocá-la quando saísse de manhã.

Antes de apagar a luz li por mais ou menos uma hora. Pegava no sono quando ouvi um ruído. O rapaz entrou no quarto, tinha outra chave. Obrigou-me a fazer sexo com ele. Eu não queria e tentei vestir-me para fugir. Ele disse que a porta de entrada da casa estava fechada à chave e àquela hora, não sendo eu residente, seria fácil ele dizer que eu era uma ladra, gatuna, criminosa. Se gritasse seria o mesmo. Isso seria o suficiente para eu nunca ir viver na cidade universitária. Ainda retruquei, mas ele deu alguma explicação que nem ouvi direito. Empurrei, pisei, belisquei, mas...

Senti que ele queria vingar-se de algo ou alguém. Felizmente para mim ele sofria de orgasmo precoce. Tive vontade de mordê-lo, até um de nós morrer, mas fiquei quieta, deitei-me no chão e esperei a manhã contando os segundos. Quando ele abriu a porta, antes de me deixar sair com a minha mala de roupa, ainda disse: "Deixe de fazer teatro. Todas gostam". Essas palavras não tinham remorso, mas a certeza de vítimas anteriores e futuras. A maior indecência humana atravessou os sentidos para se depositar na memória do eterno. Quem poderia apagar a minha?

Nada se iguala ao sofrimento quando a alma se encontra dentro da maior solidão possível. Perdi a voz, a privacidade; o mais sagrado do meu íntimo tinha sido horrivelmente ferido. Porém, ainda tive de ouvir o peso impiedoso do maior absurdo, na intenção que esse criminoso teve em diminuir a gravidade de seus atos, validando a vã glória de quem é capaz de provocar tal sofrimento. Naquele momento senti algo que momentaneamente me levou a pensar na morte como se fosse a maior amiga ou no fim do mundo como o maior consolo. Nesses dias eu ainda não sabia quais eram os meus direitos, e até duvidava de que os tivesse, por isso não tive a coragem para denunciá-lo. Com isso só peço perdão a todas as mulheres que ele estuprou, violentou e magoou depois de mim.

Lembro-me de que no dia seguinte ainda pensei em contar tudo na secretaria da cidade universitária, mas ele tinha criado a estratégia de um jogo enganoso e eu acreditei piamente que não havia saída. A minha mágoa me levou a dramatizar a realidade, pensando que contar só me prejudicaria, pois poderia ser expulsa da cidade universitária, da universidade e até da França. Ao ser acusada de ladra, se ele se defendesse dizendo que entrei no quarto sem autorização, seria outro estupro à minha dignidade, formação e até ao nome da minha família. Eu, a vítima, ainda seria acusada, julgada e castigada. Sabia que isso era possível. Não tive tempo para chorar, apenas para tomar decisões. Se chorasse, a realidade seria como uma rede de pesca e eu não sairia de lá viva ou sã. Havia apenas uma coisa a fazer: sem queixume, lamento ou fraqueza, teria de transformar a vulnerabilidade em coragem e a dor em força vital.

Quatro anos se passaram. Casei na Inglaterra com um economista do Banco Mundial – Mustapha, de quem falei no primeiro capítulo – e fui viver em Washington D.C., local em que nos divorciamos seis anos mais tarde. Decidi ficar nos Estados Unidos, onde acabei por me naturalizar. Vivia em um apartamento maravilhoso, com uma linda vista sobre a cidade, tinha um ótimo emprego, uma vida social incrível e muitas amizades. Um dia, uma conhecida de El Salvador que morava no meu prédio e trabalhava no BID, Banco Interamericano de Desenvolvimento, com amigas minhas, me pediu para acompanhá-la a um jantar. Ela tinha um encontro com alguém que não conhecia e que também ia acompanhado de um amigo. Inicialmente lhe disse que não, mas ela tanto insistiu que acabei por ir. Fomos no meu carro.

Dois homens nos seus trinta e poucos anos, mais ou menos da nossa idade, obviamente de um nível intelectual e social sem comparação, nos esperavam. Ambos eram de El Salvador e nenhum falava inglês. Não tinham nada a ver comigo. Lembro-me de que o desejo de voltar para casa era muito grande. Para meu espanto, no fim do jantar, a moça que me convidou disse com o ar mais natural do mundo que ia com um deles para outro lado dançar. Eu não estava a fim, mesmo... Como só um deles tinha carro, ficou decidido que eles iriam dançar e eu levaria o amigo a sua casa. Ele disse onde morava, mas, embora eu conhecesse Washington como as minhas mãos, não tinha (nem nunca tive, além de ser no estado de Maryland) a mais vaga ideia do lugar que ele me indicou. Então ele ia dizendo, sobe tal avenida, corta à direita, vai à esquerda e nunca mais chegávamos. Embora fosse noite, vi claramente que aquele lugar era bem pobre e possivelmente perigoso. Ele disse para eu parar o carro em um certo lugar e, em vez de sair, rapidamente virou e retirou a chave da ignição. Gritei que queria a chave, que não gostava de brincadeiras. Ele ria dizendo que sempre tinha querido *"joder una puta ricaça"*. Bati e arranhei o braço dele para pegar a chave. Ele disse que, se eu não deixasse, ele chamaria os amigos e então seria uma festa para todos. Levantei a perna na intenção de lhe enfiar o salto do sapato na barriga ou qualquer outro lado, mas logo o sapato caiu e ele aproveitou para me agarrar. Acreditei na ameaça. Seria blefe ou verdade? Eu não iria aguentar.

Enquanto muitos parecem transitar no mundo da simplicidade e caminham entre nós ao longo das nossas avenidas, na realidade perambulam no universo da perversidade, tornando-se cada vez mais abomináveis e desprezíveis em uma dimensão insana de onde nos espreitam para criar armadilhas no intuito de se vingarem da sua miserável animalidade. Eu não sabia ler os sinais dessa mente distorcida, "verdade ou mentira"? Podia tentar um golpe de judô, mas dentro do carro e naquelas condições... qualquer um dos meus movimentos parecia sair errado e aguçar o desejo do monstro, maior e mais pesado do que eu. Não havia nada mais que eu pudesse fazer. Quase vomitei, queria que o meu vômito o sujasse ou limpasse, não sei – mas não consegui.

Quase tive um acidente quando saí dali. Percorri ruas desconhecidas em alta velocidade, e cada vez mais perdida procurava placas indicando uma autoestrada. Gritei, gritei, gritei

– arrependida de não o ter assassinado. Com quê? Só se fosse com o poder da mente. Sim, já desejei a morte a alguém. Sim, já considerei alguém muito inferior a mim e à raça humana e nesse aspecto nunca mudei o meu ponto de vista. Sim, entendi perfeitamente a necessidade da pena de morte. Esses instintos primitivos de quando eu vivia em alguma caverna há milhares de anos afloraram e tomaram os meus sentidos. Todo o efeito da minha espiritualidade, das minhas meditações, dos meus silêncios contemplativos, dos meus pensamentos de amor e desejo de paz, justiça e harmonia desapareceram completamente. Toda a minha filosofia sobre o desenvolvimento humano se transformou na constatação da involução. Mais tarde pensei em carma, mas nem isso justifica. O que pode determinar a intoxicação do próprio universo? Se ele tivesse morrido, era evidente que ele tinha prática, eu evitaria o sofrimento das mulheres que caíssem na armadilha depois de mim, mas esse pensamento não passou de um consolo inconsolável.

Meu instinto de preservação também gritava pela minha sobrevivência. Acelerei o pensamento – tinha de sair dali e voltar à minha vida normal. Nem me lembro de ter estacionado o carro na garagem, subido no elevador, entrado no apartamento. Só me lembro de ter passado muito tempo, talvez uma hora ou mais, debaixo da ducha sem me mover. Mais uma vez teria de ir dormir sem o ombro de uma mãe para chorar, uns braços para me abraçar ou lágrimas para afogar a memória. Além de tudo eu já não tinha lágrimas, sequei. No meu horizonte não havia mais barcos. O mar tinha murchado. Tudo era chuva infértil que caía no cimento, enquanto a terra inundada de sede sofria.

A minha revolta quase incontida era de mandar prender a suposta amiga que me convidou para jantar. Poderia eu no dia seguinte sair com as minhas amigas e rir como se nada tivesse acontecido? Isso seria impossível. Teria de me isolar com desculpas e deixar passar o tempo. A minha alegria de viver desapareceu e eu só queria ficar fechada em um quarto escuro sem janelas nem portas. Não queria a pena de outros. Não queria ter como identidade o fato de ter sido vítima de estupro e sentir que o meio em que vivia se tornava desconfortável ou cheio de julgamentos, sussurros e murmúrios "piedosos". Por vezes a língua das mulheres é bem pior do que o abuso dos homens. Porém, essa saga ainda não tinha terminado. As coisas pioraram. Estava grávida e só podia ter sido resultado daquela noite. Eu tinha sido desumanizada em toda a acepção da palavra. A suma importância que sempre dei à dignidade e à vida foi selvagemente excluída e arrancada do meu ser. Queria matar aqueles que me obrigavam a matar outros, mas no meio estava Eu. Era esse Eu que precisava de uma saída da qual nunca me arrependesse. Desejei com a força à qual muitos chamam fé que algo acontecesse, mas o quê?

Uns meses antes tinha conhecido uma moça que morava no meu prédio e trabalhava no mesmo edifício onde eu também exercia as funções de assistente de um lobista representando o Instituto do Açúcar e do Álcool do Rio de Janeiro, nos Estados Unidos. Ela era uma pessoa de mente muito avançada. Adorava tudo o que ela tinha para me ensinar, e uma das coisas em que ela me iniciou foi o "Renascimento". É um exercício de respiração que se faz deitado no chão, e quando o fazemos pela primeira vez nos leva a recordar o momento do nosso próprio nascimento. Por isso o nome "Renascimento". Passados três meses, Laura foi viver no Havaí, mas eu já tinha comprado todos os livros que ela me indicara e já dominava perfeitamente esses exercícios, os quais fazia duas ou três vezes por semana. No dia em que descobri aquela gravidez chorei. Finalmente chorei, e muito. Não conseguia pensar. No dia seguinte tive a brilhante ideia de fazer um "Renascimento", imaginando que uma luz de várias cores me limpava e energizava. Assim fiz por volta das dezoito horas. Lembro-me de que já no fim a luz deixou de ser colorida, para ser branca, e eu me sentia muito bem. No dia seguinte, por volta das onze horas da manhã, fui ao banheiro e vi algo sólido, como um camarão. Depois vieram as dores e a hemorragia. Era muita dor. No dia seguinte fui ao médico e ele disse que eu tinha tido um aborto espontâneo. Passada uma semana resolvi viver. Havia um anjo na minha alma que tinha de ser preservado.

Durante todo esse processo, o silêncio foi o meu advogado, o meu psiquiatra, o meu deus, o meu companheiro. Quando falo de silêncio, refiro-me, acima de tudo, ao silêncio interior. Não fiquei remoendo a tragédia, gritando a fantasmas, nomeando guardas de bastidores e regando plantas carnívoras. Deixei de julgar. Presidi – não um tribunal, mas a secretaria do meu próprio planejamento. Deixar de pensar no passado me livrava de atrair mais do mesmo, e a meditação confirmava o que tenho de melhor, além de ter acionado a minha força interior para desbravar um novo pensar e criar novos caminhos nos quais me sentisse realmente livre. Recusei-me a sentir ódio, pois eu seria a sua única vítima. Resolvi amar quem merecia sem me prender a nada.

Meditei muito em coisas boas, autoconvenci-me de que tinha de superar todos os abusos a ponto de deixar de pensar neles e, assim, não mais atrair outros que passassem no meu caminho. O ponto supremo do meu desejo era agora a obrigatoriedade em refazer minha vida, principalmente minha mente.

Sem perder a objetividade, cataloguei a mágoa e coloquei-a em álbuns de memórias que arrumei na biblioteca da vida ou nos arquivos acásticos da eternidade. Eu não podia trair os meus ideais, seria masoquismo se continuasse a pensar no crime de que fui vítima. Saí. Viajei, fui a concertos, teatros, jantares. Patinei muito; joguei muito tênis e enquanto isso meditava duas vezes por dia. Conheci lamas do Tibete e gurus *"hindu-novayorkinos"*. Tive amantes que me asseguraram de que nem todos os homens são monstros. Ninguém me tinha quebrado. Continuava inteira, apenas torta. Não podia me permitir ser danificada de novo, e de novo, e de novo ainda. Os monstros não podiam ganhar a batalha nem a guerra. Não podia ser identificada como a vítima eterna, mas a heroína da minha história pessoal. Decidi que teria de fazer o melhor possível do meu percurso neste planeta em lugar de rastejar na apatia, no ódio e na autopiedade – viveiros de monstros concretos e abstratos –, e assim fiz. Sobrevivi, superei, dominei meus instintos de dor e ódio, mudando o pensamento cada vez que esse buraco negro tentava me sugar. Libertei-me e hoje posso falar disso de maneira racional e imparcial.

O sonho diurno de um psicopata tanto pode ser ter sexo com uma mulher de um nível social ou intelectual superior ao dele, como para outros pode ser ter sexo em grupo. O funcionamento de mentes patológicas é desconhecido das mentes sãs, enquanto as possibilidades de anomalias são infinitas. No mês de maio de 2016, houve uma ocorrência que envolveu uma menina menor de idade. Ela teria sido estuprada por supostamente mais de trinta homens em uma favela do Rio de Janeiro, mas esse número que foi inicialmente divulgado, pela lógica e falta de provas, pode não corresponder à verdade. Ela foi estuprada por um grupo de homens, mas se tivessem sido trinta e três no dia seguinte ela não poderia andar e teria ido para o hospital entre a vida e a morte. Essa informação também não foi resultado de um depoimento da vítima, mas de uma suposição de outros, já que nessa casa foram vistos trinta e três homens, quase todos armados. Foi um crime hediondo muito falado na mídia porque os próprios criminosos colocaram um vídeo nas redes sociais – duplo crime. Contudo, embora, por dia, muitas mulheres sejam vítimas de estupro e algumas até sejam assassinadas, a razão por que esse crime teve tanto impacto foi o número de estupradores. Ao deparar-me com essa leviandade, sinto que devo pontuar que todo esse falatório, que se repete sem fim nos canais de televisão, rádio e jornais, acaba por incentivar mais estupros, pois claramente incita mentes fracas a entrar nesse nível tão baixo do instinto para em troca terem alguns minutos de fama e novas ou repetidas experiências que lhes façam subir a adrenalina ao extremo, o que também é o objetivo de muitos psicopatas.

Gosto muito de um conto e comentário de Ana Beatriz Barbosa Silva, que pode ser lido no seu livro *Mentes Perigosas*:

"O escorpião aproximou-se do sapo que estava à beira do rio. Como não sabia nadar, pediu uma carona para chegar à outra margem. Desconfiado, o sapo respondeu: 'Ora, escorpião, só se eu fosse tolo demais! Você é traiçoeiro, vai me picar, soltar o seu veneno e eu vou morrer'.

Mesmo assim o escorpião insistiu, com o argumento lógico de que se picasse o sapo ambos morreriam. Com promessa de que poderia ficar tranquilo, o sapo cedeu, acomodou o escorpião em suas costas e começou a nadar. No fim da travessia, o escorpião cravou o seu ferrão mortal no sapo e saltou ileso em terra firme. Atingido pelo veneno e já começando a afundar, o sapo desesperado quis saber o porquê de tamanha crueldade. E o escorpião respondeu friamente: 'Porque essa é minha natureza!'.

A parte racional ou cognitiva dos psicopatas é perfeita e íntegra, por isso sabem perfeitamente o que estão fazendo. Quanto aos sentimentos, porém, são absolutamente deficitários, pobres, ausentes de afeto e de profundidade emocional. Assim, concordo plenamente quando alguns autores dizem, de forma metafórica, que os psicopatas entendem a letra de uma canção, mas são incapazes de compreender a melodia".

A frase "cultura de estupro", que mais parece um clichê de mau gosto, vem de toda essa propaganda, gratuitamente repetida. Quem tem culpa? Quem permite? Nós, que ajudamos a mídia com a nossa passividade e inércia. Detesto a palavra "culpa", mas a realidade é que somos nós que alimentamos essa efemeridade em razão da inconsciência que temos dos nossos atos. O estuprador não é só quem estupra, mas também a sociedade que o cria e alimenta. Infelizmente, mulheres e crianças de ambos os sexos, com chagas abertas no corpo e na alma graças à incompetência e incongruência da nossa cultura e ensino, acabam por participar de maneiras totalmente inconscientes nutrindo as mesmas razões que as vitimaram. A mídia não deve relatar o bombástico para aumentar a audiência, mas, sim, aproveitar para educar quando exporta a notícia para as casas de milhares ou milhões de pessoas.

Sabemos que há várias leis que criminalizam o estupro e a violência, mas os criminosos nem sempre são punidos. Muitas mulheres fazem queixa para, no dia seguinte, retirarem a mesma, e quando tornam a ser espancadas ou abusadas sentem vergonha de ir à delegacia repetir a denúncia. Por outro lado, por falta de sensibilidade e até mesmo por falta de treinamento, os policiais menosprezam as vítimas. Eu mesma os vi sorrir enquanto me diziam que tinham pilhas de pastas com queixas desse tipo e que não iriam fazer nada por falta de pessoal, falta de tempo e por considerarem ser um assunto sem importância se comparado com outros muito mais graves.

Tanto a repetida notícia fria, sem compaixão e que apenas tenta vender mais publicidade à custa do sofrimento dos outros, como a frieza e inércia das autoridades, que têm por dever impor a lei e a ordem na sociedade a fim de nos proteger dos criminosos, nos levam a reconhecer a urgência das nossas vozes que devem galvanizar todos os que desejam terminar com esse tipo de violência. Temos de transformar palavras em ações e estas em atos de verdadeiro amor, pois despertar a consciência social para a violência contra a mulher não é colocar como alvo a vítima, mas o criminoso e o que o levou a tais crimes.

Capítulo 5

A Autoestima Tem de Suplantar o Medo

"Sempre me pareceu sem sentido a desaprovação da homossexualidade. Seria como desaprovar a chuva."

Francis Maude

Vou iniciar este capítulo com uma pequena e bem resumida estatística de violência contra a mulher em 2015.

Nos Estados Unidos, apenas 16% de vítimas de estupro fazem queixa na polícia ou em qualquer instituição relacionada. A maior taxa de estupro encontra-se no Alasca. De acordo com uma pesquisa feita pela Alaska Federation of Natives, a violência sexual é doze vezes mais alta do que no restante do país. Por ano oitenta mil crianças americanas são abusadas sexualmente, e este número não corresponde à realidade, pois a maior parte dos casos não é comunicada em virtude do medo que as crianças têm em falar nisso, o que é uma sangrenta particularidade em quase todos os países do mundo.

De acordo com o Departamento da Justiça Americano, em 2015 houve cento e noventa e um mil, seiscentos e setenta vítimas de estupro. Também, segundo o National Violence Against Women Survey, uma em cada seis mulheres americanas e um em cada trinta e três homens foram violentados sexualmente.

No Brasil, sabe-se que um estupro acontecia a cada onze minutos. Segundo as estatísticas atuais, acontecem cinco estupros por hora. Porém, seguindo a rota do mesmo processo dos Estados Unidos e Europa, sabemos que apenas de 15 a 20% de mulheres estupradas apresentam queixa. Segundo esse processo, só no primeiro semestre de 2015 uma média diária de cento e setenta e nove casos de agressão foram denunciados à Central de Atendimento à Mulher, e entre 31% dessas que são violentadas sexualmente há uma grande possibilidade de morte. No estado de Santa Catarina, até agosto de 2015, aconteceram em média dezoito agressões por dia – todas tipificadas pela Polícia Civil como violência doméstica. Vinte e seis mulheres foram mortas por seus parceiros nos oito primeiros meses do ano. O número de mulheres estupradas por seus companheiros foi superior a trinta e sete casos. Em dois meses, dezessete mulheres foram vítimas de feminicídio no estado do Paraná – apenas por serem mulheres...

No fim de 2015, a edição do Mapa da Violência foi divulgada e os números são arrasadores, sobretudo por sabermos que, repito, apenas de 15 a 20% das mulheres abusadas prestam queixa às autoridades. O assassinato de mulheres negras cresceu 54% em dez anos (de 2003 a 2013), enquanto o de brancas diminuiu 10%. Estudo revela ainda que 50,3% das mortes violentas de mulheres são cometidas por familiares e 33,2%, por parceiros ou ex-parceiros. Leis como a da Maria da Penha, sancionada em 7 de agosto de 2006, muito têm ajudado, pois a condição de marido já não o iliba de dispor da sua mulher ou companheira como quiser, mas ainda há um caminho muito muito longo a percorrer. Contudo, o que me parece mais assustador é a última estatística de 2016, cujo resultado foi que uma em cada três pessoas no Brasil ainda pensa que quando uma mulher é estuprada a culpa é da vítima.

Sem dúvida, a violência contra a mulher deve ser combatida, mas isso não implica que igualmente a violência contra os LGBTT não seja denunciada em um trabalho a todos os níveis da nossa sociedade. O relatório de novembro de 2016, publicado pelo Ministério das Mulheres, da Igualdade Racial e dos Direitos Humanos, nos informa que cinco casos de violência homofóbica são registrados todos os dias no Brasil, mas os números reais são muito superiores. Os dados estão muito longe de corresponder à totalidade dos crimes ocorridos diariamente, já que apenas são apuradas as denúncias feitas por meio do SUS e das antigas secretarias de Políticas para Mulheres e de Direitos Humanos. O relatório nem inclui dados da Polícia Civil. O medo de mais humilhações impede a maior parte das vítimas de se queixar, a menos que elas tenham de ir para o hospital. Que eu saiba, no mundo não existe nenhuma instituição de ajuda aos LGBTT violentados ou abusados. Será que estou enganada? Temos de acabar com a inibição puramente cultural que nos leva a não querer falar de coisas reais. Conheço pais que não aceitam os filhos gays sendo eles mesmos homossexuais. O medo da sociedade os obriga a uma fachada perniciosa, casando com lindas mulheres e tornando infelizes todos ao seu redor. É a cultura que os faz ter medo do que são. Isso não é justo.

Assédio sexual tem centenas de facetas e muitas passam pela indiferença das vítimas em razão do hábito de ouvi-las desde a meninice. Sei que infelizmente há mulheres aqui no Brasil e possivelmente em outros lugares do mundo que se sentiriam muito mal se saíssem e não ouvissem uma cantada, mas isso não passa de adulação para infelizes e desesperançadas, que não conhecem o valor do respeito nem o da própria beleza, a qual não pode ser comprada com moeda tão baixa.

Quando saí de Portugal, onde o assédio era diário, e fui viver em Paris, senti a leveza de poder caminhar pelas ruas sem ser injuriada com palavras ofensivas, mesmo que não incluíssem palavrões. Contudo, passado um mês ia a atravessar uma rua, por conta de um edifício estar em obras, quando ouvi em perfeito português, "Bendita a mãe que deu à luz uma filha assim". Parecia que o pesadelo tinha voltado, mais pesado do que nunca, mas esse foi dos menos ofensivos dos meus assédios. Em nenhum outro lugar fui assediada como nas ruas de Lisboa – carros eram capazes de me seguir por muito tempo.

Homens seguiam-me caminhando atrás de mim e dizendo coisas obscenas ou que eu nem entendia. Em festas, lembro-me de uma vez um homem bem jovem de aspecto bem saudável inventar que sofria do coração e que poderia morrer a qualquer momento para as mulheres terem pena dele e no meio do carinho de conforto deixá-lo entrar debaixo dos lençóis. Outros forçavam a barra para nos levarem para casa, de maneiras muitas vezes agressivas e chamando nomes como "burra". Ainda em Portugal, tive um diretor com quem um dia fui a outro escritório e no meio do caminho ele parou para lavar o carro no lava-rápido. Quando o carro estava todo ensaboado debaixo da máquina ruidosa, ele queria que eu o beijasse, e não dava para fugir. A partir de certo ponto ele não forçou mais a barra. Foi um risco; no fim das contas eu e o presidente da companhia éramos filhos de dois amigos de infância...

Tive um chefe em Washington D.C. que um dia disse que ia me despedir porque eu não o beijava, como a Priscilla e a Lúcia e a *beltrana* faziam – ele era o dono da companhia e despediu-me, mas imediatamente fechou o escritório por conta da idade avançada. Na Califórnia, um diretor veio bem perto de mim para dizer que as calças lhe estavam apertadas – esse foi despedido no dia seguinte. Nessa altura eu já era uma mulher segura e cheia de autoconfiança. Em setembro de 2016, uma professora da Universidade Federal de Pernambuco foi agredida com um forte soco no rosto depois de ter ignorado uma "cantada". Quando narrou o acontecido, comentou: "A sensação de impotência é absoluta".

Assédio sexual tem efeitos muito nefastos em uma mulher, pode até baixar o sistema imunológico, provocar depressão e diminuir a autoestima – e uma mulher sem autoestima aumenta o grau de fragilidade, o que facilita o abuso, a violação e a humilhação. O assédio em si é humilhante e abala a segurança psicológica, mas quando no local de trabalho pode afetar a segurança econômica, o que em muitos casos prejudica a própria sobrevivência. Ernesto Lippmann define muitíssimo bem: "Assédio sexual é a cantada desfigurada pelo abuso de poder, o qual ofende a honra e a dignidade do assediado".

Creio que temos de rever as punições e não permitir que no caso de estupro ou violência contra a mulher se reduza o tempo de prisão ante a um bom comportamento dentro dessas instituições. Está mais do que provado que esse tipo de criminoso continua a sua tortuosa caminhada pelo crime, talvez com mais cuidado para não ser apanhado; mas, infelizmente, também não é a prisão que lhe detém os instintos. A meu ver, esses criminosos deveriam ser "curados" quimicamente, embora para alguns talvez haja outra forma de deixarem a criminalidade, o que veremos mais adiante. Muitos pensam que, se estupradores ou pedófilos, depois da primeira condenação, reincidirem no mesmo crime, deveriam ser castrados. Repare, leitor, não é crueldade. O medo os faria parar para pensar. Vendo bem, não castraram a mulher por milênios? Os chefes de tribo e todos os que participam no corte do clitóris ou lábios vaginais de meninas deveriam ser castrados, inclusive os pais das mulheres que já tivessem sido mutiladas e das mutiladoras. Para o homem, medo de prisão não é nada comparado com o medo de castração, mas castram a mulher sem qualquer rasgo de piedade, incluindo as suas próprias filhas. Quem tiver pena desses criminosos é conivente com esse crime. Temos de pensar nas vidas que salvamos, não nos direitos humanos de quem não tem humanidade. Uma vez mais o homem decide, e a mulher em lugar de vetar, executa. Felizmente o secreto Véu de Vênus lhes era desconhecido, mas para a vítima também...

O passo mais importante que temos de dar é focar muito mais nas causas da violência do que nas consequências dos traumas das vítimas ou das vidas dos criminosos. Não deveríamos pensar no aumento da pena como solução, pois parece que o criminoso não se coíbe de exercer o que lhe mandam os instintos com medo da pena, e muito menos do tempo de pena, principalmente em um país como o Brasil, onde a impunidade impera e todos os criminosos pensam que nada demais vai lhes acontecer. Temos, sim, de pensar em uma nova cultura e na educação urgente que temos de dar às nossas crianças. Uma delas é mantê-las bem ativas com esportes, arte e cultura, desde a infância, enquanto lhes alimentamos a autoestima. Outra, são aulas de ciências humanas atuais e pontuais, focadas para essa sociedade específica, dentro do contexto das comunidades onde essas escolas estejam geograficamente situadas. Temos de pensar que o choque de cultura dessas crianças já com novas ideias, conceitos e éticas em relação aos familiares e outros mais velhos que em princípio têm outro tipo de medos, preconceitos, dogmas, conceitos e moral vai ser tremendo. Para que essas crianças possam aguentar essas grandes diferenças entre a escola e a casa, precisam ter todo o apoio da parte da sociedade que já tenha ideias, ideais e conceitos renovadores, conscientes e livres.

Hoje em dia, mesmo no Brasil, temos algumas instituições, movimentos e ativistas que muito auxiliam a alertar e conscientizar a opinião pública. Alguns são movimentos internacionais, como o Dia Internacional da Não Violência contra a Mulher, o Dia Internacional dos Direitos Humanos e o Dia Nacional de Mobilização dos Homens pelo Fim da Violência contra as Mulheres – neste último o mais interessante é o envolvimento dos dois princípios, masculino e feminino. Temos algumas ONGs, mas não creio que sejam muito eficientes e são muito limitadas. Como mencionei antes, temos a Lei Maria da Penha. Contudo, o caminho a percorrer ainda se apresenta muito longo, pois creio que esse assunto não está sendo trabalhado pelo começo. Por exemplo, o atendimento prestado às vítimas de violência ainda é muito precário e sem o respeito devido. Como disse anteriormente, ouvi muitos policiais mencionarem as pastas e pastas em suas escrivaninhas onde jamais pensam tocar. Também, com certo ar de petulância, me disseram que muitas mulheres voltam para anular a queixa. O impacto da mobilização feminina tem a sua grande vantagem, mas ainda lembra que o grito de "basta!" está muito fraco. O que me deu muita alegria foi saber que no Brasil setenta mil mulheres camponesas marcharam na capital, o que foi uma das maiores mobilizações femininas da América Latina.

A este ponto do livro tomei a decisão de contar uma coisa que me vem à mente muitas e muitas vezes acompanhada de um imensurável arrependimento. Creio que foi a pior coisa que fiz na minha vida. Tive uma loja de sorvetes na praia de Hollywood, na Flórida. Por baixo da registradora, no chão, eu tinha um botão que bastava tocar com o pé para que a polícia aparecesse em questão de minutos. Uma noite, apareceram lá uns senhores, identificando-se como membros da organização

Guardian Angels (Anjos da Guarda). Conversamos bastante, pois eles usam artes marciais e eu fiz judô, uma grande paixão. Isso criou uma certa empatia. Antes de saírem, deram-me um cartão para que em caso de necessidade eu os chamasse.

 No dia seguinte por volta das nove horas da noite, uma grande família, avós, pais, tios, filhos e netos ocuparam todas as mesas da loja. Eu estava sozinha. Todas as crianças quiseram um certo sorvete que era todo colorido. Tinha azul, vermelho, amarelo, rosa... enfim, sempre foi o preferido das crianças as quais sempre ficavam com as mãos besuntadas de todas essas cores. Muito poucos ou nenhum adulto comia isso. Quando a família saiu, fui limpar as mesas e, quando estava a terminar, um homem e um menino de mais ou menos nove ou dez anos de idade que faziam parte do grupo que tinha acabado de sair voltaram e entraram no banheiro. Pensei imediatamente que um menino dessa idade não precisa de ajuda, mas também pensei que talvez tivesse se sentido mal. Acabei de limpar, fui à cozinha, voltei e sentei-me a ler um livro, visto na altura não ter clientes. O barulho das máquinas de iogurte congelado, dos frigoríficos, do ar-condicionado e tal não me permitia ouvir bem, mas assim mesmo ouvi uns certos ruídos, e foi quando lembrei que tinha gente no banheiro. Bati na porta com força e disse para saírem imediatamente. Tornei a bater, e nisto de bater e esperar demorei quase dez minutos. Em vez de apertar o botão debaixo da registradora, fui ao escritório e chamei os Guardian Angels que demoraram muito tempo a chegar. Entretanto, a criança e o homem saíram do banheiro; ele, olhando em frente, abriu a porta sem olhar para outro lado, enquanto o menino o seguiu olhando para a parede. Ninguém olhou para mim. Eu senti uma imensa repulsa, sabia que era culpa. Corri para o banheiro e vi em toda a volta das paredes marcas do sorvete colorido que ainda estava nas mãos do menino. Senti tanto horror, corri para a rua para ver se os via, mas nada. Apenas sabia que tinham seguido na direção da praia a uns cem metros da sorveteria. Fui à cozinha buscar uma esponja e, a chorar e com vontade de vomitar, limpei a parede. Foi quando os Guardian Angels chegaram. Eu tinha limpado todas as provas com a esponja. Não tinha mais impressões digitais. Eles não podiam fazer nada. Ainda foram à praia ver se viam um homem com uma criança de nove ou dez anos, em vão. Por que não os chamei antes? Por que não carreguei no botão sabendo que vários carros da polícia civil chegariam em no máximo cinco minutos? Ainda hoje sofro quando penso nisto. Seria menos um pedófilo à solta. Tenho certeza de que era tio do menino, e segundo as estatísticas uma grande parte dos meninos vítimas de pedofilia acaba por também ser pedófilos ou estupradores. Eu poderia ter evitado tanto sofrimento – a curto e a longo prazo.

> **Nota da psicóloga Íria Sulser:**
> Abuso sexual e incesto não são a mesma coisa. O abuso sexual em geral designa relação sexual entre um adulto e uma criança, enquanto incesto refere-se a relações sexuais entre dois membros de uma mesma família cujo casamento seria proibido por leis ou costumes de um grupo.

Ouvi alguém dizer "desde a época em que o Brasil era patriarcal e o homem era dono da mulher...". Que idiotice é essa? Não só o Brasil, mas o mundo inteiro, com exceção de muito poucas comunidades, continuam sob os princípios do patriarcalismo criado há mais de quatro mil anos. Patriarcalismo significa a supremacia do homem em todas as relações sociais.

Não me digam que as coisas mudaram e eu não vi... Enquanto colocarmos vendas nos olhos, jamais conseguiremos sair desse túnel que parece não ter fim. Houve melhorias na situação, em alguns países onde a mulher estuda e é respeitada, tendo muito mais regalias que suas iguais no restante do mundo, mas ainda estamos no princípio do caminho. O processo só pode acelerar quando houver mais consciência. Por exemplo, quando a mulher se impõe dentro da sua dignidade e autoestima, o homem recua. O homem violento é medroso e covarde, não devemos esquecer isso. Mas ele teme o quê? A si mesmo. A nossa noção de machismo tem de reverter, para que possamos olhar a realidade tendo em conta que até agora temos vivido uma mentira e muito malcontada.

Seria impossível falar de tão grande problema como estupro e desigualdade social sem falar de amor e medo. As causas pelas quais muitas mulheres aguentam viver com maridos ou companheiros abusadores e violentos são baseadas no medo – dependência financeira; falta de vontade e coragem para enfrentar a mudança; esperança de que a situação mude; e amor. Essas parecem ser as principais dificuldades enfrentadas por mulheres que não encontram forças para dar um basta à chamada violência doméstica, mas é muito mais do que isso.

Quando uma mulher diz que aguenta a situação por "amor", está usando esse sentimento como desculpa para encobrir a falta de autoestima – mais perante si mesma que os outros. Ninguém pode amar quem o maltrata e ninguém pode realmente admirar um bruto. Como sem admiração não pode haver amor, isso não é amor, mas medo – o oposto, e tais opostos não podem conviver no mesmo espaço. Só uma cultura nociva, doente e demente poderia incutir noções de semelhança entre amor e medo.

Em qualquer sociedade o ponto mais difícil de atingir é harmonia nas relações, mas o problema que o torna tão difícil não vem tanto dos outros como de nós mesmos. Isso porque temos de valorizar-nos e tomar as rédeas da nossa independência. Aí entram em cena o medo e a insegurança, que acionam discórdia, explicações e reivindicações, abrindo a porta para todo o tipo de abusos.

Eu queria dizer a todas as mulheres que por séculos os medos humanos têm sido representados nas histórias infantis pelos dragões. São os medos que colocam todos os limites nas nossas vidas e possibilidades, inclusive o medo de aprender, o que leva à ignorância e esta, à criação de mais medos. A força do mal é o medo. A força que não nos deixa evoluir mais rapidamente é o medo. O ódio e a violência têm por raiz o medo. O medo é o maior inimigo do ser humano, porque é ele que o impede de progredir. O medo é o freio da felicidade, da alegria de viver e do crescimento humano. Para deixarmos de ter medo e conseguirmos tudo o que queremos, devemos nos transformar nos príncipes capazes de matar os dragões que impedem a entrada nos castelos das princesas que eles mesmos adormeceram. Ao acordar, elas são a representação da nossa Força Interior, da grande possibilidade que temos de evoluir e de sermos felizes ao usar o poder de transformar o mundo à nossa volta.

A humanidade tem sido dominada pela mente. As barras e os cadeados desse domínio têm sido um desalmado controle e manipulação, os quais impedem a psique humana de se desenvolver. Esse domínio tem reduzido e enfraquecido a energia de cada um, estagnando as possibilidades humanas por intermédio do mais sofisticado e poderoso meio de controle: medo, até de nós mesmos. Não contentes, as Igrejas produziram e estabeleceram o Apocalipse, o Julgamento Final e o inferno para nos controlar e manipular pelo medo.

Sem o medo que nos impõem não haveria como nos humilhar, inculcar culpas e explorar. Em um estado mais pernicioso, a culpa provocada pelo medo transforma-se em um constante pavor de acusações, julgamentos e castigos. Medo também pode ser induzido por causas e consequências que não existem nem nunca existiram, como o pecado original ou o fogo do inferno. O medo bloqueia a mente e não nos deixa raciocinar com lógica. Essa técnica (a técnica do medo) foi criada com o propósito de absorvermos o que nos dizem sem contestar, ou seja, aceitar qualquer dogma, conceito ou propaganda por mais absurdos que possam ser. Além de perdermos toda a racionalidade, acabamos por ver a realidade segundo o que o medo nos propõe, ou seja, passamos a viver o irreal pensando que é a única realidade. O medo e suas consequências passam a ser uma doença mental aceita pela doutrina social, o que pode chegar ao ponto de se transformar em alucinações – mães da mentira, do julgamento e da condenação dos mais livres. O medo transforma o ser humano no algoz da sua própria espécie.

É muito importante entender como o medo nos limita. Pior, como pode provocar grandes males nos que nos rodeiam. Já algum dia andou em uma trilha por onde ninguém passou por muito tempo? Reparou em todos aqueles galhos que impedem a nossa caminhada? Pois o medo também se ramifica em pequenos medos que nos impedem a caminhada pela vida. O leitor, assim como eu, foi ensinado a temer o pai, os tios, até os deuses. Como pode alguém amar o pai, os tios e os deuses com medo, se medo é o oposto do amor?

É por medo que muitos vivem falsas relações, porque o medo leva à mentira e à desconfiança. Sob o poder do medo, não podemos sentir ou produzir sentimentos e ações eficientes e harmoniosos, nem podemos ser solidários. O pior é que terminamos por mentir a nós mesmos. Muita gente mente para si, ilude-se ou mortifica-se por medo, afundando-se no seu subconsciente para todo o sempre. Essa insegurança os leva cada vez mais a se desencontrarem de si mesmos, acabando por aceitar abusos e violências como "gracinhas" ou o resultado de momentos de estresse dos "bem-amados", que devemos compreender e desculpar, quer venham de companheiros, de filhos, de patrões, de padres, etc. Isso é inadmissível.

O medo é uma força tão negativa que não permite raciocinar claramente, e por não se acalmar nem de noite não nos deixa ouvir os conselhos do nosso interior a que muitos chamam Eu superior ou "voz de Deus". Uma das grandes vitórias sobre o sofrimento é acreditar que a autoestima, mãe da autoconfiança, tem de suplantar o medo. Amor e medo não podem viver na mesma casa, portanto ninguém pode conviver com quem o abuse e violente e dizer que o ama. Deixar de ter medo é primordial para nos libertarmos do ciclo vicioso da violência.

Nota da psicóloga Íria Sulser:
Não enfrentar o medo pode parecer um problema psicológico, mas na maioria das vezes é um problema educacional que aceitamos quase sempre como um simples fato da vida, sem perceber que ele é um grande obstáculo, real ou imaginário,

> ao desenvolvimento, conquistas e liberdade. Ele nos impede de levarmos a vida da maneira como gostaríamos de vivê-la.

Querido leitor, é muito importante que saibamos ensinar e exercer o grande direito que todos temos de "dizer não". Dizer não é essencial, faz parte do nosso instinto de sobrevivência e preservação. Contudo, não foi isso que me ensinaram. Desde criança me disseram que dizer não é uma atitude arrogante e desrespeitosa. Nunca se poderia dizer não aos pais, avós, tios, padres, pastores, professores ou tutores. Isso seria uma grande falta de respeito. Também não se deveria dizer não ao parceiro sexual, o que, dentro desse mesmo ponto de vista, abriria a porta para que procurasse amantes.

Quando a criança é ensinada dentro desse parâmetro, que dizer "não" ou ter vontade própria é má educação ou pouco cristão, cria uma inibição que dura muitos anos e que não se evapora da noite para o dia. Como é uma ideia inculcada desde que começamos a falar, passa a fazer parte da nossa existência tanto quanto respirar. Quando somos educados dessa maneira, a forma como assimilamos essa restrição nos leva a pensar, mesmo inconscientemente, que perdemos o direito a ser livres e autônomos. A vida passa a ser um ato teatral, um segredo em que nem podemos questionar a nossa realidade; o que nos resta é um desligamento do que somos. Desse modo aceitamos tudo o que nos for imposto em nome da boa educação, até mesmo da moral religiosa, a qual passou a ser a regra número um da sociedade. Na adolescência, essa restrição se evidencia mais no lado feminino do que no masculino, o que lentamente leva o homem a muito comodamente impor a sua vontade à mulher e esta a submeter-se, o que se inicia na relação entre irmãos. Eis a base do patriarcalismo por excelência, em que o livre-arbítrio deixa de existir.

Nos dias de hoje e indo contra tudo o que nos foi ensinado, temos de virar as cartas e ensinar a jovens e adultos que dizer não é o maior direito do mundo animal, não apenas humano. Um bom exemplo foi tirado de experiências feitas com gorilas para mostrar como estes perdem o desejo sexual em cativeiro. Para evitar isso, os jardins zoológicos tendem a terminar com o hábito de acasalar gorilas na infância, o que os faz sentir como irmãos, não se reproduzindo. Um exemplo extremo aconteceu em um jardim zoológico dos Estados Unidos onde um gorila se entretinha a bater na fêmea, Penelope, com quem tinha repartido a jaula desde a infância. Era um tratamento infantil, sem raiva, mas Penelope recusava-se terminantemente a ser fecundada. Quando foi removida para outra jaula, tendo outra companhia, excepcionalmente deu à luz catorze crias, o que é raríssimo entre gorilas. Embora Penelope não fosse irmã do primeiro companheiro, sentia-se como tal. Mgolo atuava com uma infantilidade que não a atraia. A maior diferença entre nós e Penelope é a liberdade que ela teve para dizer não! Ela tinha a sua maneira de gritar para exigir os seus direitos. E nós? Cada vez que Mgolo queria ter sexo, Penelope o rechaçava. Ela sabia o que não queria. Será que por milhares de anos em todas as sociedades os animais terão sido mais assertivos e procedido na vida com mais segurança e firmeza do que nós? Que absurdo... e ainda há quem duvide da insensatez da nossa cultura, que é extremamente antinatural e anti-humana.

Há forças que continuaram em pleno século XX e agora no XXI a lavar o cérebro das massas contra a mulher. Na maior parte das vezes tudo é feito de maneira muito sutil, contudo, de formas estrondosamente irracionais. Vejamos: não muito tempo atrás a Igreja Católica e outras religiões faziam e ainda fazem em muitos lugares do mundo coisas parecidas ou ainda piores do que o que recentemente fez o imã iraniano Hojatoleslam Kazim Sadeghi. Ele acusa a liberdade da mulher que "não se veste de forma adequada" de ser a razão causal dos terremotos que ocorreram no Irã na segunda década do século XXI. O imã afirmou: "essa forma libertina de viver e vestir incita relações extramatrimoniais e leva os puros jovens a perder a sua castidade, o que provoca os castigos de Alá". Segundo o mesmo imã, essa atitude condenável da mulher é a causa do aumento do estupro (pelo qual ela, ao ser julgada e condenada, até pode ser morta sem que o criminoso seja castigado). E eu pergunto: se esta política, cultura, acusação e crença continuarem, onde vamos parar? Essa forma de pensar torna o homem inteiramente irresponsável. Esse é o ponto que parece passar despercebido a todos os que ouvem tal absurdo. Enquanto focamos na defesa da mulher, não reparamos que com isso os homens se ilibam, de forma dissimulada, de toda e qualquer responsabilidade sobre seus próprios atos. Essa "inocência" os leva ao paraíso cheio de vinhas e virgens, e as mulheres vão para o inferno. É uma maneira de enganar deuses e demônios. Devemos chamar de homens a quem pensa assim? Esse imã e outros, mesmo no nosso mundo ocidental, que assim pensam não veem que com isso afirmam a superioridade da mulher, a única dos dois, masculino e feminino, capaz de tomar as rédeas da responsabilidade, em que ela passa a ser responsável pelos atos de um pateta como se fosse uma criança irresponsável.

Contrariamente ao que muitas culturas defendem, a vítima nunca é a culpada. Se há vítima, há criminoso; e o crime de estupro é hediondo e deveria ser punido como tal, o que faria os prevaricadores absterem-se ou pensarem melhor antes de agir. Porém, a punição não detém os estupradores de satisfazer seus desejos. Pode amainar a violência, mas não o estupro, o qual é ânsia de poder a curto prazo. Quando o abusador cria todo um clima de medo, como acontece em muitos relacionamentos, transforma a angústia e o sofrimento em uma violação contínua a longo prazo. Paralelamente, o violador, o abusador, o estuprador cria na vítima um perfeito clima de culpa a qual se espalha na passarela de um medo constante. Muitas vezes esse medo aliado à culpa torna a vítima tão irracional que ela mesma cria outras vítimas, na maior parte das vezes filhos e filhas. O que vou contar não aconteceu com uma amiga, nem ouvi contar. Aconteceu comigo. Eu tinha quatro anos. Meu pai não permitia que minha mãe fosse ao cinema, mas ele não gostava de ir. Então ela não tinha alternativa, ia às escondidas. Sempre me levava com ela, com a grande admoestação de jamais contar ao meu pai. Naquele dia ele chegou em casa quando eu já dormia. Acordou-me para me dar um beijinho, um pequeno copo de leite e desejar sonhos lindos. Eu estava muito impressionada com o filme que tinha visto nessa tarde e dentro do sono contei que vi um filme com um leão muito mau. Adormeci. No dia seguinte, depois de papai sair, minha mãe meio sorrindo deu-me uma balinha. Coloquei na boca e só segundos mais tarde senti o efeito, era uma noz de pimenta. Chorei muito, muito mesmo. Minha mãe debaixo da culpa e do medo explorou a própria filha e, transgredindo todas as regras do amor, tinha profanado minha confiança nela. Quando mais tarde eu passei a acreditar em tudo o que me diziam, seria isso para compensar essa falta? Por que não enveredei pelo outro lado da reação, deixando de confiar em tudo e todos? São duas possibilidades que se entrelaçam e o resultado depende de algo bem sutil que só algum psiquiatra ou psicólogo poderá explicar.

Há crianças e também adultos que têm outro tipo de reação, o que seria o lado permissivo do estupro ou falso estupro, pois muitos por tédio ou para chamar a atenção mentem – como a criança que inventa que os pais a maltratam ou batem ou estupram. Em alguns casos, se os pais lhe bateram uma vez, a criança multiplica por cem como vingança. O pior é que muitos carregam essa ideia até a idade adulta, chegando a acreditar na própria mentira. Conheci um caso em que o pai batia muito, até com cinto e pontapé, em um menino, mas depois do falecimento do pai essa criança já adulta transpôs essas agressões para a mãe, passando a acusá-la do que o pai lhe tinha feito. Assim, o pai continuou a ser o necessário herói imaculado.

Como o leitor pode constatar, o problema não se cinge ao homem, mas a toda a sociedade, pois a cultura da permissividade abusadora e transgressão às leis verdadeiramente humanas permeia como uma espiral a mente de todos.

Em outro livro comentei o caso de Cristina e vou continuar a falar, pois eu constatei os resultados ao longo dos anos. O mais dramático é que como ela há milhares de mulheres. Cristina era muito jovem e fechou os olhos aos vícios desse rapaz que para ela era lindo, "lourinho de olhos azuis". Casaram-se e tiveram dois filhos, um menino e uma menina. A partir de certo ponto ela não mais podia fechar os olhos à realidade. Ele bebia, drogava-se, não era um pai ou marido presente e tudo o que transmitia eram maus exemplos. Ficou acomodado em um emprego de nada e, embora inteligente, não estudou. Cristina assumiu tudo, a educação dos filhos, aulas extras de violino para a filha enquanto trabalhava e estudava. Formou-se em contabilidade, mas descobriu que a vocação era ser professora de crianças especiais. Voltou à universidade, mas os filhos já adolescentes exigiam cada vez mais a sua atenção e tempo. Não parou de estudar, mas fazia poucas disciplinas por ano. Pensou que poderia mudar o marido, como se fosse uma fada madrinha com a varinha mágica de um amor irresistível e transformador. Como ele não parou de agredi-la psíquica e fisicamente, ao sentir-se derrotada, o que a levou a zero a autoestima, Cristina piorou a situação deixando-se engordar. Desleixou a sua pessoa, enquanto vivia exclusivamente para as crianças, mas de uma forma desenfreada; dirigia para cima e para baixo, levando os filhos a diferentes escolas e empregos, tratando da casa e de todos os problemas referentes à vida familiar como se ela fosse a única com mãos e braços. Além disso, ainda estudava e trabalhava. O marido ficava em casa fumando maconha e bebendo sem limite ou saindo com amigos, apostando em cavalos, etc. Se ela lhe chamava a atenção para a vida que tinham, ele zangava-se de uma forma bem violenta e chegou a bater-lhe várias vezes, deixando-a com horríveis hematomas. Quando ele a maltratava e ela não queria ter sexo, ele exigia que tomasse a pílula rosa, equivalente ao viagra, mas para mulheres.

Ao longo do tempo várias vezes Cristina desejou separar-se, mas achava que economicamente seria muito difícil. Na realidade ela tinha muito medo dele, mas era mais do que isso. Seu marido sempre a ameaçou. Foi ela quem comprou a casa mas, no caso de divórcio, ele queria ficar com a casa e com os filhos. Ela nunca quis acreditar nos conselhos que lhe dávamos dizendo que ela tinha direito a tudo, em virtude do comportamento dele, o que perante a lei americana era condenável. Na realidade, ela não queria acreditar que tinha direitos e morria de medo. Uma das desculpas era que seus pais se divorciaram e ela não queria fazer o mesmo com os filhos.

Sabíamos que a razão e a lógica tinham atrofiado perante o medo e a acomodação. Medo de ir a uma advogada e saber os seus direitos lhe tiraria o poder da desculpa esfarrapada que dava a si mesma, de não poder se erguer sozinha economicamente. Lá no fundo Cristina sabia que ele não poderia fazer nada e que era covarde ou acomodado demais para agir de acordo com as palavras. Além disso, ela não estaria sozinha. Assim se perde uma vida, ou os melhores anos da vida, em que os filhos não tiveram o maravilhoso exemplo de conviver com pais que se amem, admirem e respeitem. Pensando em como ela era há vinte anos, vejo como o arco-íris transformou um tesouro na algema de uma casa sem janelas.

Todos os casos se diferenciam por sua unicidade e circunstâncias, mesmo geográficas. Umas vezes a sociedade não tem a mínima ideia do que se passa naquela comunidade, naquela casa ou naquela vida, mas pretende ter algum conhecimento para que seus julgamentos sem qualquer base aparentem uma certa "autoridade" com a qual se identificam. Outras vezes a sociedade conhece algumas das condições vividas por alguém ou uma comunidade, o suficiente para procurar justificativas que satisfaçam a malícia e a curiosidade, independentemente da realidade, as chamadas fofocas. Nesse aspecto a sociedade se torna imensamente cruel. Quando um dia a mesma sociedade é perturbada por um acontecimento fora do comum, em vez de se preocupar em efetivamente ajudar ainda coloca o dedo na ferida, inventa e cria algo fora dos limites para que as suas conjecturas e julgamentos se concretizem nem que seja abstratamente. Isso sugere que muitas mulheres se inibem de tomar decisões que as libertem, com medo do que os outros digam ou inventem. Precisamos de uma urgente reforma social e de novas narrativas enquanto amparamos o nascimento de um novo pensamento, que surja de diálogos inovadores e capazes de mudar radicalmente a engenharia social caseira e obsoleta na qual temos vivido, à medida que a nova consciência se forme e estabeleça.

O trabalho da mulher é imprescindível, mas de uma forma livre de acusações que só tendem a inflamar os ânimos, em uma tarefa que seria inútil sem a colaboração do homem. Tudo tem de ser feito dentro da nossa capacidade criativa para transmitir novos valores. Sem moral, mas dentro de uma nova ética humana na qual todos devem ser incluídos. Leitor, não se sinta indignado, basta pensar um pouquinho: que moral é essa que não aceita a independência da mulher? Que diz terem sido deuses que disseram a Adão para dominar, subjugar e domesticar Eva segundo a sua vontade? Tem sido por Eva ter defendido os princípios do patriarcado que ela mesma ao longo dos séculos tem colocado punhais nas mãos dos filhos para que defendam honras, virgindades, fidelidades, fés, conceitos, religiões e políticas obsoletas. Ela lhes dizia que homens não choram e com isso atrofiava metade do que eram – a sua *anima*, razão pela qual o homem não nos entende –; falta-lhe despertar em si o lado que nos poderá conectar.

Quando digo que temos de mudar tudo o que faz parte da nossa cultura, refiro-me a qualquer cultura deste planeta. Buda dizia que a mulher não era confiável. Uma das muitas frases da Bíblia que hoje servem de base ao preconceito que nos divide é esta: "Mulheres sejam submissas a seus maridos, como ao Senhor, pois o marido é o chefe da mulher" (Efésios 5:22,23). Aristóteles falava: "A força de um homem consiste em se impor; a de uma mulher em vencer a dificuldade de obedecer". No fim do século XIX, Schopenhauer dizia: "Não entendo como o homem pode amar a mulher, um ser inferior, de ancas largas, ombro estreito, cabelos grandes porque a mente é curta". Também há homens que dizem que não estupram certa mulher porque ela não merece. Normalmente os que assim falam são os que não assumem sua verdadeira identidade sexual por covardia, e então tudo o que fazem é violentar aquilo que lhes recorda desse lado de si mesmos e que não querem enfrentar. Mais adiante irei desenvolver esta ideia, a qual é para mim a fonte de uma grande parte da violência contra a mulher.

Muitos perguntam se realmente vivemos em uma cultura de violência contra a mulher ou a cultura do estupro. A realidade é que os tentáculos da nossa cultura são uma força que se dedica a destruir o princípio feminino tanto no homem como na mulher. Portanto, o que vivemos é uma cultura de escravidão na qual somos manipulados e usados de maneira a esquecermos quem somos. Temos miniculturas em todo o mundo, mas há uma cultura global. Todas as religiões, principalmente as que vêm de Abraão e do Bramanismo, o que inclui budistas, hindus, judeus, islamitas e centenas de religiões cristãs, para sintetizar as inumeráveis sub-religiões que daí advêm e que se espalharam ao redor do mundo abrangendo todos os continentes, ensinam que a mulher é inferior ao homem. Com isso, criaram a cultura da solidão do Feminino.

    O que mais afeta qualquer comunidade é a religião, da qual fluem os princípios fundamentais de uma sociedade, os princípios morais, os dogmas, os conceitos e as crenças, até os sonhos, afetando todos, incluindo os ateus, por terem passado a ser princípios culturais. Ao longo da História, historiadores, quase todos ligados aos movimentos religiosos de seus reis, têm registrado eventos os quais muitas vezes não representam a verdade, como a verdadeira história de uma guerra, de um país, região ou até do mundo. As religiões têm em comum proibir determinados conceitos enquanto trazem à tona outros – segundo os interesses do momento em que foram ou são criadas. Sentem que têm de criar sociedades que pensem da mesma forma com poucas variantes, as quais criam sistemas filosóficos, teológicos, sociais e políticos que nos obrigam a saber de cor e acreditar, mas que não passam de armadilhas para nos prender na subjetividade da mesmíssima teia. Por meio desse sistema podemos facilmente ser manipulados e orientados de formas inconscientes ou subjetivas ao que chamamos "*engenharia social*". Porém, o ser humano tem algo a que eu chamo "*padrão gravado*", que nos permite por intermédio da vontade e do conhecimento sair dessa prisão mental. Só que na saída abrimos muitas portas que dão para muitas salas que formam autênticos labirintos, mas todo labirinto tem uma saída. O importante é continuar a procurar sem parar nas ilusões que cada uma das salas nos apresenta nesse percurso.

No início da vida sedentária, as tribos tinham de ser numerosas para poderem sobreviver e ter mais qualidade de vida, o que tornava as crianças um bem precioso. Para que as crias tivessem saúde, fossem resistentes e bem resguardadas de tribos inimigas ou animais selvagens, as mulheres ficavam por longos períodos com elas, mas revezavam-se sempre que necessário. Era um princípio segundo o qual a mãe perdia a singularidade pelo bem da comunidade. A mulher também caçava junto ao homem. Ela lutava pela defesa dos membros da tribo e cuidava para que esta não passasse fome.

É insultante aquilo a que o mundo reduz o que até aqui se pensava saber sobre o início da nossa civilização, que o homem caçava e subjugava a mulher, que ficava restrita à caverna. Pensando bem, vejamos: primeiro, o que as mulheres faziam na caverna com ou sem os homens, pois eles não caçavam o tempo todo e raramente o faziam no inverno? Segundo, fora da caverna, os grandes espaços só serviam para caçar? O início da agricultura, segundo dados oficiais, aconteceu entre doze e dez mil anos atrás. Porém, essa data também é correspondente ao fim de uma era glacial que provocou o Grande Dilúvio, cuja catástrofe levou os sobreviventes a começar tudo de novo, em condições geográficas e climáticas totalmente diferentes das anteriores, para dizer o mínimo.

A mulher tinha muitas ocupações além de cuidar das crias. Procurava frutos, vegetais, sementes, raízes, ovos, carne branca – coelho, galinha, etc. – e cozinhava. Era durante esses afazeres que descobria quais as ervas que curavam doenças e melhor serviam para conservar a comida. Também, como fazer sabão, cola, fios ou cordas, pintar ou tingir tecidos, curar peles de animais, criar objetos comuns como tigelas, cestos, vasilhas e joias.

Quando se observa a arte rupestre, imediatamente a imaginação nos leva a pensar em homens como os autores dessas maravilhas, mas isso é resultado de nossa atual estrutura conceitual e cultural. A arte nasceu da mão de quem ficava na caverna. Por intermédio da arte, as imagens da realidade dos grandes espaços exteriores entraram no coração da comunidade, ou seja, o exterior migrou para o interior da caverna para ser abrigado e aquecido pelo fogo sagrado. Foi assim que o coração da tribo passou a ser um lugar sacro onde nas noites frias de inverno, as primeiras notas musicais, vindas talvez de pedras colidindo, devem ter sido ouvidas; onde a primeira lágrima poética deslizou; onde alguém mimicou um choro ou um riso; e onde o primeiro traço criou uma imagem. Também deve ter sido aí que alguém cheio de assombro e admiração se curvou perante uma mulher grávida e lapidou uma pedra no formato de um ventre. O ventre precisava de cabeça, braços e pernas, e assim nasceu a imagem da deusa da fertilidade guardada no altar das comunidades que só poderiam ter sido matriarcais.

Além de caçar, os homens tinham de defender a tribo de animais selvagens e de outras tribos que roubassem seus cultivos ou os atacassem. Essa atividade tão necessária à sobrevivência de todos os tornou cada vez mais agressivos e violentos. Também tinham de procurar pedras para produzir as suas armas. Dessa forma ficavam cada vez mais afastados da vida dentro da caverna. A mulher era miraculosa – era ela quem curava os doentes, estancava o sangue das feridas e carregava as crias dentro de si, produzindo Vida –, coisa que o homem não conseguia. Logicamente, com o tempo as tribos, aldeias ou cidades passaram a ser matriarcais, o que conferia às deusas muito mais poder do que aos deuses. Como mostrarei mais adiante, essa é a razão por que em toda a Europa e Eurásia se encontram tantas estátuas de deusas.

Com o decorrer dos tempos, os homens faziam as guerras e as mulheres oravam desejando a morte dos inimigos. O patriarcado criou intimidações, proibições, justificações, ordens e regras que tanto dividiram o homem e a mulher, a ponto de Pedro, ao falar com Jesus, se referir à mulher como "a raça fêmea" (Evangelhos Gnósticos). Passaram a haver duas raças, e uma teria de ser predominante. A "raça homem" passou a dominar a "raça fêmea". Foi quando a humanidade entrou na era de submissão. No Oriente Médio, tanto entre árabes como entre judeus, se o primogênito fosse uma menina seria enterrada à nascença, muitas vezes viva. Essa selvageria, falta de amor, falta de respeito e ódio pela raça fêmea chegaram aos nossos dias, pois ainda há países em que a mulher tem de se ajoelhar aos pés do homem para lhe tirar os sapatos ou botas quando ele chega a sua casa, mesmo em países "civilizados" como o Japão e a Coreia. Na China, em decorrência da lei do filho único, muitas meninas têm sido mortas no nascimento e hoje os meninos têm grandes problemas em encontrar uma mulher para casar.

Nossa civilização tem ensinado, e ainda ensina, em muitos lados do mundo que está correto dominar e submeter a mulher, que é legítimo e que até é necessário, visto ela ser por natureza inferior ao homem. Assim ele até pode usá-la quando e como muito bem entender – desde os trabalhos pesados até o sexo forçado. Isso o leva a abusar da mulher e a violar os princípios humanos mais básicos sem sentir culpa. Ele tem a permissão que lhe foi dada pela própria lei que o tem protegido e mesmo instigado, a qual acredita ter sido ditada pelos deuses. Essa revoltante e infame manobra para manter o homem impune só serviu para aumentar os seus crimes contra a mulher e tudo o que diz respeito ao princípio feminino.

No Brasil, perante tanta impunidade, principalmente quando se trata de estupro e violência doméstica, a Comissão Parlamentar Mista da Violência contra a Mulher solicitou uma alteração no Código Penal para que se passasse a chamar *"feminicídio"* o assassinato de mulheres praticado por alguém que com elas tivesse tido relação íntima. Isso difere do homicídio masculino, pois na maioria dos casos de assassinato de mulheres o crime é cometido por parceiros ou ex-parceiros e envolve abuso doméstico, proibições, ameaças ou intimidação, violência sexual ou situações em que a mulher se submete por ter menos poder ou recursos do que o homem. As principais mudanças na legislação impossibilitam o agressor de pagar fiança para se livrar da acusação, além do impedimento de o homem voltar para casa, o que antes obrigava a mulher a ter de se esconder em casas de abrigo. O problema é que poucas mulheres sabem dos seus direitos e das novas leis que as tentam proteger, pois a informação ainda é transmitida de maneira muito precária, mas tende a melhorar. Eu sei que muitas empregadas domésticas entram e saem de seus empregos sem nunca terem uma conversa com os donos da casa. Penso que o nosso dever é proteger e informar quem trabalha para nós, seja nos escritórios, nas lojas, nas fábricas ou nos nossos lares. Todos os que, como nós, têm o privilégio de ter mais conhecimento que outros devem pensar que isso de nada serve se não o pusermos ao dispor dos que nos rodeiam.

A atual qualidade e produtividade de uma parte da nossa sociedade incrementa a capacidade criativa de muitos, o que nos leva ao encontro de ideias inovadoras. Isso implica que grandes inovações profissionais poderiam ajudar o aprimoramento social e individual, o que também é uma forma de ajudar a mudar o mundo e evoluir. O ser humano é muito mais feliz quando usa a sua criatividade. Os deuses gregos já diziam que só nos aceitariam como seus descendentes e herdeiros quando fôssemos realmente criativos e descobríssemos as nossas origens.

Atualmente muitas mulheres têm preferência por profissões com impacto social que as satisfaça de forma que vão além da realização profissional. Tudo isto nos mostra que as sociedades estão mudando, porque a mulher está alterando a sua posição na sociedade, mas infelizmente não em todos os níveis e apenas em alguns países. Também há mulheres que, embora profissionalmente muito tenham avançado, na sua vida pessoal e emocional continuam amedrontadas, evasivas, inseguras e submissas, muitas vezes de maneiras humilhantes.

Constatando essas incoerências, como poderemos mudar a sociedade? Segundo pesquisas bem afirmativas, a opinião pública de um país pode mudar radicalmente em três meses por meio da *propaganda ideológica* em seu mais alto e eficiente nível. Quer queiramos ou não, desde que nascemos a nossa psique é vítima de manipulação pela chamada educação, mas que na realidade é propaganda ideológica. Um simples exemplo dos absurdos que nos ensinam: os homens devem se casar com mulheres mais novas, pois a mulher perde a libido muito mais cedo – e a mulher aceitou essa mentira sem refutar. Ninguém se dá conta de tamanha mentira, porém a realidade é que as mulheres são sexualmente muito mais ativas do que os homens pensam ou querem aceitar, só que a mulher é muito mais seletiva e respeita os seus ritmos biológicos, coisa que o homem não tem a mais vaga ideia. Para piorar esse descompasso, o homem vangloria-se da sua falsa longa virilidade. Quando a mulher acredita nessa barbaridade, começa a imaginar que seus desejos não passam de tentações demoníacas ou aberrações físicas a serem esquecidas ou tratadas como qualquer doença, nem que seja com banhos frios, xaropes de cânfora ou orações. Isto é propaganda ideológica, pois a cura dentro da lei da natureza humana seria fazer amor com alguém por quem sinta atração.

Com isto quero dizer que, se houver realmente vontade e com os meios de informação que hoje temos ao nosso dispor, poderemos mudar muitos conceitos em relação à mulher, aos gays, às lésbicas ou qualquer outra coisa em pouco tempo. Essa propaganda pode ser direta, indireta e subliminar. A que sempre foi mais eficaz foi a religiosa, por meio do medo, da culpa e de uma autoridade divina incontestavelmente poderosa, onipotente, que também passou a ser onipresente e onisciente. Quem poderia combater tanto poder? Contestar os dogmas? E se não pudesse contestar dogmas, para que pensar em ler livros diferentes daqueles que lhe permitiam ler? Foi por isso que a Igreja mandou queimar milhares de livros em épocas diferentes, como no tempo da Inquisição; assim como Hitler também fez mandando queimar livros do seu próprio povo em praça pública; o fascista cambojano Pol Pot que mandou matar e queimar estudantes, professores, livros e homens e mulheres comuns; e o poderoso Bispo de Alexandria, Athanasius, no ano 367 d.C., mandou queimar a famosíssima Biblioteca de Alexandria. A censura do tempo do regime militar no Brasil, de Staline, de Salazar, de Franco, de Mao Tsé-Tung, de Pinochet, etc. – tudo representa o mesmo: proibir a contestação ou a indagação sobre a nossa realidade e aumentar a ignorância. Por isso, Kim Jong-un isolou completamente a Coreia do Norte.

Por outro lado, a *propaganda ideológica* nos permite ler ou ouvir apenas aquilo que quem nos manipula pretende que retenhamos na mente ou no subconsciente. Essa propaganda de manipulação foi usada acima de tudo pelo nacional-socialismo, pelo fascismo e pelo comunismo. Se formos educados em colégios militares ou religiosos, chegamos à perfeição da lavagem cerebral. Entendeu, leitor, a engrenagem do que o leva a pensar como pensa? Então também entendeu como tudo pode mudar. Temos de acreditar que é possível mudar, pois temos vários países que nos servem de exemplo, embora ainda não perfeitos, mas muito avançados. Em uma só geração, noto a astronômica diferença entre o pai que jamais ajudou em casa ou com as crianças e o filho que hoje faz parte integrante da educação dos filhos e ajuda nos trabalhos caseiros. Chamo a isso as primeiras flores da primavera. As outras inexoravelmente terão de despontar, é a força da natureza que obriga. Muito trabalho já foi feito por mulheres e por homens também. Agora tem de ser aperfeiçoado com a participação não de alguns, mas do maior número possível das pessoas mais conscientes ao redor deste mundo. Em menos de um século a sociedade patriarcal, machista, homofóbica, com toda a sua imensa misoginia será superada. Olharemos para o nosso tempo como hoje olhamos a Idade Média e a Era das Trevas, entre os séculos V e IX, período em que a Igreja Católica Apostólica Romana se firmou e estabeleceu provocando o declínio cultural e econômico do Império Romano. Repare que a Igreja foi fundada no século IV e a civilização romana pereceu no século seguinte. Nos dias de hoje podemos mudar o mundo em duas gerações, quarenta anos. Já não somos tão ignorantes e medrosos como éramos há sessenta anos. Hoje, temos tudo para despertar a urgência dentro dessa dimensão a que chamamos tempo.

> **Nota da psicóloga Íria Sulser:**
> No Brasil, mulher só começou a tomar mais posicionamento em meados dos anos 70, uma vez que durante o início da ditadura militar a maioria das organizações de mulheres de cunho político foi duramente reprimida. Informações que aqui chegavam sobre o que ocorria com movimentos feministas em outros países industrializados eram distorcidas, de acordo com o interesse do sistema controlador, como, por exemplo, dizerem: "As feministas são um bando de machonas mal-amadas". O interesse real aos problemas das mulheres só tomou força em 1971 com a vinda da feminista Betty Friedan, para o lançamento do seu livro *A Mística Feminina*.

Acredite ou não, prezado leitor, há forças muito superiores ao desejo de qualquer manipulador e usurpador da nossa vontade. São essas forças cósmicas, as quais tanto atuam ao redor do nosso sistema como em nós individualmente, que ajudam a ativar a força da nossa compreensão e evolução. Nos últimos cem anos tudo acelerou. Tudo se desenvolveu, menos o sistema límbico do ser humano, ou seja, o seu sistema emocional. O que nos impede de desenvolver? Quando falamos de uma possível, eventual ou certa mudança de pensamento para que haja uma verdadeira mudança individual e social, temos obrigatoriamente de incluir dois elementos dos quais muitos não gostam de falar, por acharem que não são provas concretas. Contudo, isso pertence ao pensamento do passado, pois nada pode ser real e efetivo sem incluir um amor intenso e uma consciência larga o suficiente para ir além do nosso umbigo. É absolutamente impossível modificar a condição da mulher, diminuir as estatísticas no que diz respeito à violência doméstica, ao abuso e ao estupro, tanto de homens (nunca poderemos esquecer que de maneiras distintas os homens também são vítimas do sistema) como de mulheres, sem que entendamos que estamos em um período único – a passar pelo processo de transmutação de um estado primitivo de consciência adquirindo novas formas de percepção em que o amor passa de impressão para sentimento ativo e atuante. Também, como o progresso do raciocínio é mais rápido quando sem inibições, aliado ao uso da criatividade, posso antever que brevemente poderemos "saborear" muito mais neurônios que não se encontram apenas no cérebro, mas também nas moléculas ainda adormecidas do nosso corpo, à espera do tempo em que possam despertar. Esse é um dos grandes mistérios da árvore da vida. Esses frutos jamais poderiam ser provados por pessoas sem consciência.

Em algum ponto da mente há um "padrão gravado" que nos impulsiona a desenvolver, mesmo contra a resistência de pressões culturais ou religiosas, porque é a própria natureza da raça humana que finalmente rebenta as grades. Temos acreditado em mentiras, mesmo que o nosso subconsciente nos diga que são palavras falsas. Agora temos de crer que podemos criar o nosso próprio sistema de pensamento e crenças. Temos de estimular os neurônios para ampliar a imaginação em um sentido ainda desconhecido. Só assim poderemos nos defender das crenças e conceitos criados pelos que têm tido domínio sobre nós e nossas vidas por milhares de anos, apenas criando guerras, sofrimento e caos. Temos de preservar a integridade da mente e pôr à prova a nossa humanidade. Não podemos nos deixar enganar quando novos conceitos nos levam para fora do estabelecido e com medo voltar a entrar na caserna jogando a chave nas mãos dos que nos roubaram a liberdade.

Estamos fartos de sofrer sem saber quem somos nem de onde viemos ou para onde vamos, assim como nem acreditamos que o direito a sermos felizes e livres depende de nós, não dos deuses. O mundo mudou – no caminho evolutivo temos não só o direito, mas também o dever de tudo arriscar para seguir o propósito da existência da vida neste planeta: ser feliz, e para isso devemos evoluir física, mental e conscientemente, mas tudo isso de nada serve sem Amor. A discriminação é o oposto do amor, esses não podem evoluir e, enquanto discriminam, não podem amar. Acredito que as forças cósmicas estão conosco.

Capítulo 6

O Rejeitado Tem de Ser Amado

"A linguagem nos força a entender o mundo como os homens o apresentam."

Julia Penelope

Este livro não tem qualquer pretensão a sofisticações ou refinamentos literários, nos quais o escritor muitas vezes adultera ou falsifica a natural autenticidade dos conceitos. Não creio que essa preocupação caiba em uma obra que pretende ter a sensibilidade necessária para tocar os corações daqueles que, qualquer que seja a sua camada social, religião ou ideologia, nada mais desejem além de melhorar o sofrimento humano e lutar pela justiça, não importa a que custo. Também, neste pequeno projeto não quero me estender em floreados, mas ir direto ao coração da ideia que pretendo apresentar. A minha intenção é humanizar palavras sem me importar se o impacto vai escandalizar a sociedade hipócrita que ainda impera em todos os continentes. Quero desintoxicar o discurso de inibições, pretensões e fundamentalismos absurdos e desumanos. Se as ideias antigas tiveram no mínimo quatro mil anos para melhorar o mundo, e não conseguiram – nem deuses, profetas ou grandes filósofos foram bem-sucedidos –, então temos de recorrer a algo novo, diferente e mais humano para conseguir entrar no rumo de uma vida melhor, sem tanta violência e preconceito.

Este capítulo tem a estrutura de uma escada cheia de patamares. Ela leva a um terraço no topo de uma montanha onde tudo tende a se unir em um horizonte desconhecido. Vejamos: há coisas como acontecimentos, conceitos, ideias ou mesmo propostas, muito fáceis de entender e implementar para uns e quase impossíveis de visualizar para outros, em razão do *shift* ou deslocamento da percepção que em alguns passou a ser um reconhecimento natural e em outros ainda é inadmissível. Ideias diferentes e antagônicas ao *status quo* muitas vezes não são captadas pela percepção consciente, em virtude da negação que a milenar manipulação mental ofusca e endurece. Então, dentro da forma mais singela e mais sincera que me seja possível, quero partilhar a ideia que no meu ponto de vista muito pode ajudar a suprimir uma grande parte da violência contra a mulher, a desigualdade e o estupro. Repare, leitor, e isto é superimportante manter em mente – o que tenho a dizer não é uma solução que vá resolver inteiramente o problema de estupro, pois há outros elementos, incluindo demência e traumas muito fortes, que levam a um cego desejo de vingança e outras razões. Contudo, o que tenho a dizer pode reduzir imensamente o problema de estupro e violência contra a mulher e contra homossexuais.

LGBTT (Acrônimo para Lésbicas, Gays, Bissexuais, Transgêneros e Travestis)

Nas pesquisas americanas apenas 4% da população mundial assume a identidade lésbica, gay, bissexual, transgêneros ou travestis. Essa percentagem torna-se muito menor nas pequenas cidades do interior, principalmente entre pessoas idosas e entre casados. Pessoas que frequentam lugares como saunas, clubes privados e clubes de gays, tanto no Brasil como nos Estados Unidos, chegam a elevar essa percentagem para 15 a 20% no mínimo. Porém, é praticamente irrealizável saber ao certo o número exato de LGBTT no mundo. Tanto na Rússia como nos países árabes e em muitos outros é quase impossível, tanto para homens como para mulheres, assumir a sua verdadeira identidade sexual. No Brasil, um país que, comparado, por exemplo, à Arábia Saudita e que se diz tolerante com a dita liberdade sexual, segundo as estatísticas um gay é assassinado a cada vinte e seis horas. Homossexuais, 56%; travestis, 37%; lésbicas, 5%; e bissexuais, 1%. Onde está a tolerância?? Sabemos que muitos gays europeus iam para o norte de África onde procuravam "guias" que na realidade seriam seus parceiros sexuais durante um certo período. Entre eles, muitos escritores e homens de renome; porém, quando retornavam a seus países voltavam a assumir a atitude anterior e muitas vezes ferozmente lutando contra a homossexualidade. Também sabemos que muitas mulheres depois do divórcio ou viuvez no passado tinham uma dama de companhia e nos dias de hoje uma amiga com quem compartilham uma casa, para todos os efeitos cada uma teria o seu quarto, mas que na realidade seriam ou são parceiras sexuais. Essas vidas furtivas só nos mostram o radicalismo e a intolerância do mundo em que vivemos. O medo da sociedade e, sobretudo, das repercussões sobre os filhos, o nome da família ou a vergonhosa memória após a sua morte leva muitos a terem vidas clandestinas nas quais dissimulam a sua necessária covardia. Tudo isto mostra como as estatísticas não podem representar a realidade. A minha pergunta é: viver uma mentira os leva a um céu mais cheio de harpas do que se realmente tivessem a coragem de assumir a sua verdade? Essa hipocrisia é a nutrição da falsa santidade dos que regem as leis. Se todos saíssem do armário, o número seria suficientemente impressionante para calar os pretensos puritanos, que na maioria das vezes são homossexuais não assumidos, como os padres pedófilos que, por um lado, tanto condenam para, por outro, fazer muito pior do que aquilo que aparentam condenar. Lembro-me de um senador, também pastor evangélico, que muito condenava a homossexualidade e um dia admitiu sentir atração por algumas pessoas do seu próprio sexo. Também me lembro de outro pastor que incitava os seus crentes a matar os homossexuais que encontrassem no caminho. Ainda há muitos que pensam que a homossexualidade é uma doença e a mulher, um embrião deformado.

    Minha proposta inclui uma parte da sociedade que muitos tendem a esquecer ou fecham os olhos ao seu incomensurável sofrimento, os LGBTT. Tanto eles como a mulher são vítimas de uma *"Guerra Morna"* criada pelos homens que, se juntarmos os LGBTT às mulheres, são a minoria.

Em muitos países, é obrigatório estudar a Grécia, berço da nossa civilização, pois muito da sua cultura ainda faz parte da nossa. Olhamos a sua arte de olhos inundados de admiração, enquanto pesquisamos e lemos a sua história, democracia e filosofia cheios de assombro. Todavia, temos consciência de que a Grécia era uma sociedade que idolatrava a homossexualidade. Então por que condenamos a homossexualidade atual, e não a antiga? Pensamos que era assim mesmo, uma sociedade gay, e na nossa os gays são uma anomalia minoritária. Porém, a diferença está na liberdade de se poder fazer uma estatística correta.

No princípio deste capítulo escrevi uma frase de Julia Penelope: "A linguagem nos força a entender o mundo como os homens o apresentam". Sem dúvida, até aqui a economia (não podemos esquecer que a economia rege o mundo, portanto está no topo da pirâmide) com suas leis, sejam elas políticas, filosóficas, religiosas ou sociais, sempre foi concebida, aprovada e assinada por homens para ser implementada por mulheres segundo a orientação dos criadores. O mundo foi criado por um deus masculino e tudo o que existe para ser seguido é masculino, portanto a mulher e as crianças são obrigadas a entender o mundo sob o único ponto de vista que lhes têm apresentado. Somos produto de um deus que só usa o *animus* sem *anima*. Com uma só visão. Um só sentir. Um deus fálico, sem consorte, uma trindade sem fêmea. Uma deidade desiquilibrada, desarmoniosa e homofóbica. A nossa civilização é fálica, o mundo é fálico, enquanto a Terra, o Sol, o sistema solar, a galáxia e o útero têm a forma de espiral.

Anteriormente afirmei que somos nós que construímos nosso futuro. Agora a grande pergunta: nos últimos cem anos tudo acelerou, tudo se desenvolveu – menos o sistema límbico do ser humano, ou seja, o seu sistema emocional. O que nos detém de desenvolver? Por que sofremos tanto? Temos de começar por colocar os números no seu devido lugar. Ninguém sabe as verdadeiras estatísticas, mas, se pensarmos na Grécia e no mundo atual, os LGBTT devem ser mais ou menos 40% da população masculina mundial.

Voltemos aos patamares da nossa escada:

A Cultura Heterossexual Masculina é Homoafetiva

Vejamos a ideia de Marilyn Frye: "Dizer que um homem é heterossexual implica somente que ele mantém relações sexuais exclusivamente com o sexo oposto, ou seja, mulheres. Tudo ou quase tudo que é próprio do amor, a maioria dos homens (que se dizem) heterossexuais reserva exclusivamente para outros homens. As pessoas que eles admiram; respeitam; adoram e veneram; honram; quem eles imitam, idolatram e com quem criam vínculos mais profundos; a quem estão dispostos a ensinar e com quem estão dispostos a aprender; aqueles cujo respeito, admiração, honra, reconhecimento, reverência e amor eles desejam: estes são, em sua maioria esmagadora, outros homens. Em suas relações com mulheres, o que é visto como respeito é gentileza, generosidade ou paternalismo; o que é visto como honra é a colocação da mulher em uma redoma. Das mulheres eles querem devoção, servitude e sexo. A cultura heterossexual masculina é homoafetiva; ela cultiva o amor entre homens".

Se o leitor se lembrar, no capítulo 3 falei do estupro físico e psicológico que sofri dentro do casamento, além da solidão de ter passado anos em um apartamento onde nem para visitar a minha mãe tinha autorização, enquanto ele, fora das horas de trabalho, dormir e comer, ou as manhãs de sábado e domingo, passava o seu tempo livre com os amigos em restaurantes, no café, no futebol e congêneres. Seus heróis sempre foram homens. Seu orgulho era ter filhos sãos e educados e uma mulher que acreditava respeitar, para com quem pensava ser generoso e com quem atuava dentro do paternalismo que achava ser o seu dever e que, ao falar dela aos amigos, se sentisse honrado por exibi-la em uma redoma, qual *"virgem"* no topo do altar familiar. Todavia, ai dela se o almoço não estivesse na mesa às 12h55, nem quente nem frio. Ai dela se não estivesse acordada quando ele chegasse a altas horas, ai dela se lhe desobedecesse ou saísse fora dos padrões. Contudo, ele ria muito quando estava com os amigos; escolhiam lugares para ir petiscar marisco, testículos de carneiro ou outros, regados a cerveja e vendo futebol. Falavam de seus ídolos, davam palmadinhas nas costas e abraços. O que cada um dizia era sempre recebido com graça e alegria, jamais criticado. Era com os amigos que desabafava, era com eles que tomava decisões, era a eles que pedia conselhos e, com eles, amigos e primos, com quem nas férias passava mais tempo. De mim o que ele exigia era devoção, servitude e sexo. Era isso amor? Era isso admiração e genuína amizade? Companheirismo? Uma relação participativa? Deste modo, a frase final de M. Frye, "A cultura heterossexual masculina é homoafetiva; ela cultiva o amor entre homens", adapta-se como uma luva ao meu caso e a bilhões de outros.

Anima/Animus

Como mencionei antes, o homem não reprimiu apenas a mulher, mas também a força subjetiva, criativa e sensitiva do princípio feminino dentro de si mesmo, a *anima*. Na escola de psicologia analítica do psiquiatra Carl Jung, encontramos os dois principais arquétipos antropomórficos da mente inconsciente, que seriam os arquétipos do Eu, a *anima*, o lado feminino no homem, e *animus*, o lado masculino na mulher. Isto é uma coisa de que poucos falam, embora seja de extrema importância. E por que não falam? Porque quando o homem desenvolver o seu lado feminino deixará de ser tão violento, o que teria grandes implicações na cultura tal como ela é hoje. As mudanças seriam imensas e o mundo como o conhecemos seria outro completamente diferente.

Para Carl Jung, a *anima* e o *animus* são elementos do inconsciente coletivo, o que transcende a psique pessoal. Ou seja, no inconsciente do homem este arquétipo expressa-se como a individualidade interior do princípio feminino, *anima*. Por outro lado, no inconsciente da mulher expressa-se como a individualidade interior do princípio masculino, *animus*. No homem, a *anima* muito influencia e ajuda a interação e reciprocidade com a mulher, o que também favorece o desenvolvimento individual como fonte da criatividade humana. O *animus* não foi tão reprimido pela mulher como a *anima* foi pelo homem, embora a sua racionalidade e lógica – em razão da pouca interação com as artes, meio acadêmico, estratégias e obras públicas – também tenham sido atrofiadas.

Quando o homem reduziu o poder da mulher à tenda, ao castelo, ao palácio ou à casa e aos filhos também eliminou dentro de si mesmo tudo o que realçava o elemento feminino do seu ser. Com isso transformou uma metade de si mesmo em uma estátua de sal e a outra em uma máquina por vezes sem alma. Porém, realmente penso que nos dias de hoje esse homem grita desesperadamente nas preces que oferece a seus deuses antropomórficos e sangrentos, por terem sido criados por ele, que está cansado dessa solidão interna e espera com todas as forças do seu ser que alguma deusa o salve com o toque mágico que só o verdadeiro amor e a grande ânsia por liberdade e verdade podem produzir. Só assim a cultura da Solidão do Feminino pode terminar.

Química

Durante a gestação, só entre a sétima e a décima semana é que acontece a diferenciação sexual, até lá o feto encontra-se no estágio sexual diferenciado. Dependendo da química do que virá a ser menino ou menina, dá-se uma transformação e no processo há um tubérculo genital que depois se transforma no clitóris ou no pênis. Os lábios da vagina se fecham, os ovários descem e se apoiam nos lábios já fechados formando a bolsa que envolve e protege os testículos, escroto. Os testículos correspondem aos ovários e o pênis, ao clitóris. Por outro lado, em casos de grande necessidade, o homem pode amamentar um bebê produzindo leite. A mulher também tem ejaculação, o que a maior parte dos homens no mundo nem sabe. Com isto quero dizer que tanto no físico como no mental somos dois seres correspondentes que na sua diferenciação nos completamos – tendo dois únicos fins, reprodução e prazer. Porém, até aqui só a reprodução tem sido aceita e tida como necessária, enquanto o prazer sempre foi condenado – pecado, anticristão e vergonhoso.

A partir de agora teremos de acreditar e ensinar que prazer é um direito e um dever humano para que a mente se liberte de obsessões. O que fazemos com nossos corpos não é da conta de ninguém, nem de nenhum deus ou de nenhuma lei humana, pois, se o aparelho genital apenas servisse para procriar, para que teríamos, principalmente a mulher, toda uma orquestra orgânica de gozo, prazer e total satisfação? Nada pode impedir que tanto a mulher como o homem tenham por parceiros de vida e sexo quem eles muito bem quiserem e entenderem. Tudo no nosso corpo depende da química e no nosso íntimo da mente e da consciência. Se houvesse uma religião cósmica, diria que o importante seria amar, ser feliz e combater tudo o que provocasse violência de qualquer tipo, pois só assim poderemos evoluir. Contudo, infelizmente para muitos a violência é mais bem aceita do que uma relação gay unida pelo amor, e como o fazem em nome da moral religiosa apenas mostram que seus deuses antropomórficos não são deuses de amor, mas homofóbicos.

Para os que acreditam em reencarnação, uma alma encarna "n" vezes tanto no gênero feminino como no masculino. A alma escolhe o corpo que dentro de um certo espaço de tempo irá precisar para ter determinada experiência. Assim, mesmo pela lógica, por que razão os religiosos não aceitam a homossexualidade? Qual a razão que os leva a querer transformar o ser humano em uma coisa que ele não é por natureza, transformando-o em um ser infeliz? Será essa a grande razão de tanta violência? Talvez porque os seres felizes não mendigam perdões nem sentem culpa, e isso iria empobrecer as Igrejas para as quais o perdão tem preço. Mentes sãs são informadas, portanto um grande perigo para todos os dogmas e alicerces de qualquer instituição que pretenda preservar sistemas obsoletos.

Os cavaleiros persas do século IX adotaram botas de salto alto de maneira a mais facilmente poderem prender o pé nos estribos. No século XVI, os homens da aristocracia europeia passaram a usar saltos altos como sinal de *status*. O rei Louis XIV decretou que só os membros da corte poderiam usar sapatos de salto alto vermelhos. Depois disso as mulheres acharam que saltos altos eram sensuais e resolveram adotar esses sapatos sofisticados. Saltos altos inicialmente eram exclusividade dos homens, depois da elite – homens e mulheres – e pouco a pouco foi descendo a escala social e só as mulheres continuaram com esse uso. Cosméticos eram usados na China, Egito e Grécia. Na China, homens e mulheres pintavam as unhas com cores bem coloridas, e no Egito, Creta (Civilização Minoica) e Grécia ambos os sexos pintavam o rosto, os olhos principalmente. Nas tribos indígenas todos os membros, ambos os sexos e crianças, se pintavam e pintam o rosto e o corpo.

E agora me pergunto... por que a nossa cultura apenas permite aos homens que sejam atores ou trabalhem para cinema, TV, teatro ou circo de se pintarem? Por que também não permite que meninos brinquem com bonecas e as meninas podem? Porém, a partir da adolescência os meninos só devem "brincar com bonecas" e as meninas se continuarem a brincar com elas quando crescerem são execradas pelas línguas maléficas da sociedade. *"Que cultura mais absurda"*, diria um extraterrestre que viesse passar umas férias neste grão de pó situado em um canto obscuro de uma pequena galáxia de um Universo de somenos, mas cheio de presunção e soberba. Na infância nos obrigam a cultivar o amor e admiração pelo mesmo gênero e quando crescemos enfrentamos proibições, culpas, humilhações, castigos e até a morte. Alguma coisa está muito errada. Lembro-me muito bem de que quando era criança gostava muito mais de brincar com brinquedos de meninos do que com bonecas. O filho da minha madrasta tinha todos os livros de uma coleção intitulada "Biblioteca dos Rapazes" e eu tinha a coleção "Biblioteca das Garotas". Acho que desses livros li apenas dois e com muito sacrifício, exceto *O Pequeno Lorde,* de Frances Hodgson Burnett, que reli vezes sem conta. Os livros da Biblioteca dos Rapazes eram muito mais interessantes, como, por exemplo, a obra de Charles Dickens. Eu também adorava jogar bola de gude e sinuca, dar saltos de lugares altos, além de uma impecável rotina de esportes que incluía patinação, tiro ao alvo com espingarda de pressão, tênis, judô e outros jogos ou exercícios que na época não eram assim tão delicados, com a exceção do balé. O meu grande privilégio foi que quem me ensinou a jogar sinuca e a fazer tiro ao alvo foi o meu pai, e também foi ele quem me ensinou a dançar valsa e pasodoble. Contudo, por algum acaso da natureza, nunca tive a mínima tendência homossexual. Isto mostra que as preocupações de como educar crianças dos dois sexos são obtusas, irreais – em alguns casos chegam a ser fantasmagóricas e assustadoras em razão de tanta incoerência.

Mesmo no mundo dos LGBTT que poucos conhecem, acreditem ou não, o machismo também impera. Nas palavras de um amigo meu, Rubens C., "mesmo dentro do mundo gay, o mais execrado é o gay feminino: 'a bichinha, o viadinho, a mulherzinha'. Apesar dos avanços em relação à aceitação da homossexualidade, ainda há a presença muito forte do 'padrão' masculino determinando o que é bom ou certo. Outra faceta bem interessante que revela claramente a força do patriarcado é que a sigla LGBTT é praticamente dominada pelo G – os gays homens. Estes são a força motriz, determinam o linguajar, a moda, são grandes artistas, etc., enquanto as lésbicas, as travestis, as transgêneros são praticamente ausentes. Acredito que esse apagamento se dá porque elas estão no feminino, ou foram para o feminino. Este tema é complexo, mas acho que não dá para reduzir tudo a ser apenas um gay enrustido. Há uma construção social vastíssima, profunda, milenar que solidificou isso e naturalizou essa questão".

Nós que fomos criados ouvindo dizer "uma menina educada não diz isso, não corre, não não não..." ou "um homem tem de ser duro, macho de verdade, não chora, não permite que uma mulher o corte quando fala, blá-blá-blá...", chegamos à idade adulta todos confusos. Hoje, fala-se muito em crise da masculinidade, e os homens procuram a sua identidade como procuram a sua sombra ou a sua alma enquanto não conseguem atinar ou administrar relações com mulheres independentes e desinibidas. Mais uma vez somos nós mulheres que seguimos ao encontro dos "*nossos filhos e filhas*"... Estimulando os nossos homens a sem medo serem mais sensíveis, a aprenderem a dar prazer a uma mulher sem culpa ou receio, mostramo-lhes abertamente o que sentimos para que eles assumam as suas vulnerabilidades, tal como nós assumimos as nossas. Esses são os momentos mágicos da transformação em que a mulher não é abusada ou transgredida, mas nos quais ela se "transfere" simplesmente porque deseja esquecer-se de si e momentaneamente viver uma eternidade absoluta em uma unidade perfeita.

Leonardo da Vinci

Muitos símbolos são a herança de um conhecimento que transmite a ideia de que, quando os princípios masculino e feminino se unem, agindo em equilíbrio, essa união alcança um tal poder vibratório que se torna capaz de entrar em sintonia com a harmonia da vibração universal.

Leonardo da Vinci, se não o homem mais inteligente e sábio dos últimos dois mil anos, foi um deles. Até há bem pouco tempo tem sido conhecido apenas por suas pinturas, no entanto e acima de tudo foi um cientista em todos os níveis e um magnífico inventor. Esse homem admirável tinha um apreço muito especial por um dos seus quadros, o qual o acompanhou até a morte, a Gioconda. Crê-se que esta obra tão preciosa e que tanto estimula quem a olha justamente simboliza a união dos dois princípios masculino e feminino. O mesmo modelo masculino, Gian Giacomo Caprotti, conhecido como Salai e amante de Leonardo, que posou para a pintura de João Batista, foi também usado como modelo para a Gioconda, na qual Da Vinci realçou a *anima*, ou seja, as características femininas contidas no masculino, que com o seu talento de mestre formou uma sintonia perfeita. Nos anos 70, esta teoria era transmitida nas salas de aula da Sorbonne em Paris, muito antes de Dan Brown ter escrito qualquer livro ou de haver Internet. Digo isto pois vários grupos religiosos usam este meio de comunicação para abusivamente desmentirem relatórios acadêmicos.

Tao, filosofia tradicional chinesa, nos leva ao conhecimento intuitivo da Vida, equilíbrio e sintonia universal, que também representa a união *anima/animus* na harmonia dos dois princípios feminino e masculino. A mesma filosofia, mas de uma forma mais abrangente e sem qualquer tipo de preconceito, também se encontra nas sociedades primitivas como as tribos de índios americanos em que a homossexualidade sempre foi respeitada, em algumas até venerada, por essa dualidade permitir a esse indivíduo melhor entender os dois gêneros.

Os nativos americanos, em lugar de enfatizarem a homossexualidade das pessoas, focam nos dons espirituais. Suas tradições, mesmo hoje, tendem a olhar o caráter básico de uma pessoa como o reflexo do espírito. A partir do momento em que se considera tudo o que existe como vindo do mundo espiritual, os andróginos ou transexuais e também gays ou lésbicas são olhados como pessoas duplamente abençoadas, por terem ambos – o espírito de um homem e o espírito de uma mulher.

Desse modo, eles são homenageados por terem dois espíritos e são olhados como muito mais dotados espiritualmente. Assim, muitas religiões nativo-americanas, em lugar de estigmatizar essas pessoas, olham para elas como professores e líderes espirituais. O mesmo acontece com os nativos da Sibéria e muitas partes da Ásia, assim como das Américas desde o Alasca até o Chile. Androginia existe desde sempre e nas Américas surge desde o princípio da migração, há mais de vinte mil anos.

Projeção Psicológica

Projeção psicológica é um mecanismo de defesa distorcido. Quando alguém tem pensamentos, emoções ou tendências que para si ou para a sua sociedade são inaceitáveis ou condenáveis, acaba por atribuir essas atrações, fraquezas, pensamentos, ou o que for, a outras pessoas, como o caso comum de os filhos acusarem os pais de suas fraquezas ou derrotas. De acordo com Tavris Wade, a projeção psicológica ocorre quando os desejos inaceitáveis, vergonhosos, obscenos e perigosos ou que se tornem uma ameaça são levados ao inconsciente ou reprimidos e, então, projetados em outros. Dessa forma, esse sujeito alivia a dor da culpa projetando o que o aflige em uma ou mais pessoas. O exemplo mais comum é quando alguém tem pensamentos de infidelidade os quais projeta no parceiro e acredita que o outro é o infiel. A projeção psicológica está relacionada com a negação e rejeição para que o indivíduo proteja a mente consciente de algo que o repugna, como é o caso da homossexualidade, para quem não se aceita como é por se achar repugnante, em virtude do conceito de proibição e rejeição da sua sociedade. Chama-se a isso homofobia internalizada – negação da sua própria orientação sexual. Para esses a projeção psicológica passa a ser a única esperança de escape, contudo, muitas vezes, vem acompanhada de violência.

Essa manobra mental gera muita força, pois temos de lembrar que a mente tem um grande poder – basta pensar que pode criar deuses antropomórficos cruéis e capazes de serem adorados por milênios. O filósofo Ludwig Feuerbach estabeleceu paralelos entre a sua teoria da religião e a ideia de projeção psicológica, oferecendo a teoria de que uma divindade antropomórfica é na realidade uma projeção dos medos e ansiedades dos homens.

A projeção psicológica que deriva de um trauma pode manifestar-se inversamente, na obsessão compulsiva. Friedrich Nietzsche nos deixou este pensamento: "Aquele que luta com monstros deve acautelar-se para não se tornar também um deles. Pois quando se olha muito tempo para um abismo, o abismo também olha para nós".

Misoginia e Homofobia

O que realmente é misoginia? Recorri à Wikipédia e a dicionários: é a repulsa, desprezo ou ódio contra a mulher. Esta forma de aversão mórbida e patológica ao sexo feminino está diretamente relacionada com a violência praticada contra a mulher. Misoginia é a repulsa ao gênero feminino e às características a ele associadas. Misoginia é o oposto da misandria e antônimo de filoginia, que significa admiração e amor pela mulher, embora o termo "filoginia" possa ser considerado como "preconceito benevolente".

A Wikipédia também tem três definições de misoginia:

Misoginia na Grécia Antiga – Sujeição da mulher à autoridade do homem. O matrimônio apenas servia para procriar, e a mulher era chamada de portadora de crianças. Aristóteles resumiu a mulher a "um homem incompleto" ou "um homem defeituoso". A mulher era destinada ao espaço privado do lar, enquanto o homem teria o espaço público.

Misoginia na Idade Média – A honra, o prestígio e a religião formavam a base da conduta do homem. Era a religião que controlava o matrimônio e a reprodução, portanto a mulher. Sem direito ao conhecimento, a filosofia religiosa solidificava a ideia de bruxaria como pretexto para controlar o conhecimento das mulheres. Mesmo no Renascimento e até o século XX, conhecida como a época da ciência e do desenvolvimento humano, nada mudou substancialmente na vida da mulher, que permaneceu como reprodutora e tendo como base, apoio e incentivo, a religião.

Misoginia na Modernidade – O aspecto importante é a violência contra a mulher, aceita em alguns casos pelo aparato jurídico e referendada pela separação entre público e privado.

Pergunto: se olharmos os vários setores da sociedade e os vários países do planeta e pensarmos que no ano 600 a.C. a população mundial rondava os duzentos e vinte milhões e em 2016 a população está perto dos sete bilhões e meio (7,3 bi), o leitor acha que a situação da mulher mudou muito nestes 2.616 anos? O mais intrigante e importante para o meu ponto de vista é que a mulher hoje sofre muitíssimo mais do que as gregas da Antiga Grécia, onde a homossexualidade era perfeitamente aceita e celebrada. A nuvem da Idade Média ainda paira sobre nós de maneira muito forte. A chuva que dela cai ainda é ácida. Corrói os ossos e a alma saber que neste mundo há muito mais pessoas que sofrem em razão de seu gênero ou orientação sexual do que pessoas felizes e livres. A prova de que essa imposição cultural é antinatural é o crescimento desmedido da população mundial. Povos primitivos, como os polinésios, tinham formas, por vezes drásticas, de controle da população, o que evitava a fome, a violência e até mesmo o extermínio. Na ilha de Páscoa, por exemplo, homens jovens com outros bem mais velhos se lançavam ao mar sem destino – até morrer. Nessas sociedades a homossexualidade era bem-vinda como uma necessidade para o equilíbrio dos números. Antigamente, para aumentar os exércitos, as mulheres tinham de ter muitos filhos, um atrás do outro a vida inteira para produzir soldados. Hoje, a Nova Ordem Mundial acha que a população mundial é insustentável e para resolver esse problema sutilmente patrocina a criminalidade, as drogas lícitas e ilícitas, vacinas que esterilizam ou matam enquanto impedem a venda de remédios que prontamente curariam doenças graves como o câncer.

Um problema do qual ninguém fala, não sei se por medo, desleixo ou inconsciência, e que é necessário trazer a mesas de estudo e discussão em todas as universidades, todos os bairros de todas as cidades em todos os países, é o fato de que a condição da homossexualidade tem obrigatoriamente de ser revista e sinceramente aceita. Muitos dizem que a aceitam, mas na realidade é só para "inglês ver". Conheci muitas pessoas de vários países assim; dizem que compreendem e admitem, mas continuam com o coração e a mente cheios de preconceito. Outros dizem "tudo bem", mas não admitem que homossexuais adotem crianças, ou casem, ou mesmo herdem de seus companheiros.

Nossa cultura atual tem origem em tempos tão antigos que se perdem na noite dos tempos sem registros que verdadeiramente nos digam quem somos. Se você não sabe de onde vem nem para onde vai, como pode saber quem é? Porém, sabemos que a nossa educação foi fundada em conceitos tão obsoletos quanto esses tempos em que as pessoas viviam em tendas e usavam arco e flecha. Hoje temos prédios com um quilômetro de altura, usamos computadores, vamos a Marte, a Júpiter, para fora do sistema solar e pretendemos saber a força do átomo. Todavia, a cultura do dogma e da moral hipócrita encarrega-se de não nos deixar ter em conta a defasagem do tempo, manipulando a humanidade a ponto de gravar no nosso subconsciente necessidades, regras, crenças, conceitos e preconceitos que já não se enquadram com as nossas perguntas existenciais, nem com as necessidades individuais do mundo atual. A nossa criatividade no que diz respeito às relações humanas é falha e aparenta ter entrado em um beco sem saída, pois há muitas portas onde ainda se encontra o sinal *"proibido entrar"*. Há muitos museus em países do mundo ocidental onde "nus" ainda não são permitidos. Essa puritana hipocrisia que origina unicamente nas religiões vindas de Abraão, islã incluído, e do Bramanismo, é uma das maiores razões para a homofobia, para a violência doméstica e também para o estupro. Contudo, muitas dessas religiões falam de amor e dizem adorar um deus de amor. *"Parole, parole."* Que amor é esse se a nossa civilização só nos dá exemplos de desamor? Se as guerras sempre foram feitas em nome dos deuses? Se os pilotos que jogaram duas bombas atômicas em Hiroshima e Nagasaki, matando mais de duzentos e vinte mil pessoas, invocaram seu deus antes de apertar ao botão, assim como os pilotos muçulmanos invocaram seu deus, "deus é grande", antes de destruírem as torres gêmeas e matarem três mil pessoas; se o ódio aos LGBTT vem de princípios religiosos; se a mulher abusada, dominada e menosprezada ainda o é por ter comido o fruto da árvore da Sabedoria... Algo está muito errado entre a realidade e o Matrix que nos domina e cega a ponto de defendermos os nossos carrascos. Repare, leitor, Cristo, o grande amante, nada tem a ver com o que os homens fizeram da sua filosofia e mensagem.

Em nome de um deus antropomórfico que dizem ser benevolente, mas que castiga com purgatórios, infernos eternos (muito tempo...) e as mais abomináveis torturas e humilhações, tem se escondido a verdade sobre a História da Humanidade, a grandeza da força individual, do Poder Interno e do Amor, enquanto se intensifica a manipulação da mente coletiva e do preconceito, a ponto de o conceito de demônio parecer muito mais benévolo e condescendente. O julgamento em que se decide quem irá para os infernos é presidido pelo deus que se diz benevolente. A noção de bem e mal é tão incoerente e irreal, que o deus representante do bem precisou criar o demônio, apenas para lavar as mãos da sua falta de compaixão, enquanto exalta a mediocridade, pois esta tem mais probabilidades de nos ajudar a ganhar o céu, principalmente se dermos dinheiro para as Igrejas sem contestar os seus dogmas por meio da ignorância. Será Lúcifer uma necessidade para que esse deus possa atuar com desamor e ter a quem culpar? Será satanás a Projeção Psicológica de deuses e homens?

Esta aparente ironia abraça o absurdo religioso que nos atrofia, condena e acena à violência transformando vidas inteiras nas mais cruéis formas de existência. E nós aqui nos manifestando e lutando contra tudo e todos para que um governo que mentirosamente se diz laico, mas que funciona segundo o fundamentalismo religioso, passe algumas leis mais humanas como se fossem favores saídos da condescendência dos deuses. O meu ponto é: são essas mesmas religiões e seus dogmas que alimentam toda essa cultura de violência, misoginia e homofobia. Só não vê quem sofrer de alguma forma de demência ou que tenha o cérebro totalmente lavado por essas Igrejas que sempre insatisfeitas sugam o dinheiro dos seus fiéis ou crentes em nome de deus, como se a Fonte Criadora do Universo e de tudo o que existe precisasse de moedas. Se houvesse uma filosofia humana que nos ajudasse a crescer e sermos felizes, insistiria na liberdade de expressão individual, na autoestima, na autoconfiança e no Amor sem reserva nem limite. Contudo, isso não iria agradar a um deus antropomórfico, apenas a uma Força Vibratória Divina, Consciente e Amante.

O leitor que me perdoe se eu me repetir, mas é importante para atar os nós e unir os patamares dos fatos e ideias que apresentei. Vejamos com clareza e de cabeça bem aberta a associação entre misoginia e homofobia. Misoginia é a repulsa, desprezo ou ódio contra a mulher. Esta forma de aversão mórbida e patológica ao sexo feminino está diretamente relacionada com a violência que é praticada contra a mulher. Homofobia significa aversão irreprimível, repugnância, medo, ódio, preconceito que pessoas ou grupos nutrem contra lésbicas, gays, bissexuais, travestis e transexuais. Isto significa que tanto a misoginia como a homofobia igualmente repudiam o gênero feminino e as características a ele associadas, em que tudo o que é relacionado a LGBTT está incluído, pois nesses grupos de pessoas está bem ativo e vivo o elemento que permeia e vivifica o Princípio Feminino. Uma vez sonhei que os que assim pensam, aliado ao repúdio da sua própria *anima*, pertencem a outra raça pensante, mas inferior por tanto medo que têm da luz.

Historicamente temos provas de que muitos dos que mais combatem a homossexualidade são atraídos por ela, e a maior prova está no clero pedófilo e nos políticos que abusam de meninos e meninas internados em orfanatos. Os casos de abuso dentro das famílias acontecem desde os países mais desenvolvidos até os mais pobres e retrógados, sendo a Suécia um dos que têm o índice mais elevado de estupro e pedofilia. Nas guerras de todos os tempos, os homens eram mortos com setas ou tiros e muitas mulheres e crianças, por estupro, muitas vezes coletivo.

Durante a nossa vida há vários momentos, por vezes espaçados por anos e que podem durar meses, em que o desejo de ser mãe (o que em alguns homens também se manifesta) é descomedido e avassalador. Uma vez satisfeito esse desejo, o qual vai muito além de qualquer tendência sexual, pois é a natureza humana no grito instintivo pela continuação da espécie, tanto homens como mulheres não mais são por natureza obrigados à heterossexualidade, tampouco à monogamia, em que ambos cuidam das suas crias. Essa adesão se deve à adestração cultural pois não é natural, mas, sim, compulsória, e tudo o que é uma obrigação tende a ser fingido e capaz de ser interrompido quando o acaso produz o momento que dentro do sigilo da ousadia silenciosa leva os verdadeiros instintos a dar vazão à real tendência. Resumindo em palavras simples e cruas, pelo fato de a monogamia não ser natural ao ser humano, a chamada "fidelidade" tem fortes tendências a ser furada quando surja a oportunidade. Claro que há exceções, mas creio que essa probabilidade diminui apenas quando os casamentos ou uniões se realizam depois de uma certa idade em que ambas as partes já viveram várias trajetórias dentro das miríades de possibilidades que todos encontramos no horizonte ao longo dos anos. Viver muitos anos com a mesma pessoa pode transformar o amor sensual em amor fraterno. Muitas teses foram escritas e muitos estudos foram feitos demonstrando os benefícios de esporádicos relacionamentos extramatrimoniais. Nossa cultura, por motivos puramente religiosos, machistas e patriarcais, apenas permite que o homem tenha esse privilégio... Mas me pergunto: com quem? Uns com pessoas de outro sexo e outros com pessoas do mesmo sexo. Uns fazem às claras e outros às escondidas, o que sempre foi a solução das sociedades hipócritas. Na confissão, se tivesse sido com o sexo oposto, o homem não teria nada a declarar, a própria Igreja aceita essas "necessidades" apesar de ser um dos pecados capitais, mas a mulher terá de se ver com a punição da culpa e da vergonha. Resumindo, a monogamia foi concebida pelo homem para melhor dominar a mulher, não é um atributo natural da humanidade.

Depois dos quarenta, cinquenta ou sessenta anos de idade muitos homens passam a procurar parceiros em lugar de parceiras nas relações extramatrimoniais. Isso aumenta muito a percentagem da homossexualidade no mundo, assim como o lesbianismo, sem falar nos haréns que somados seriam milhares. Digo isto pois, quando as estatísticas nos pretendem dar a percentagem da homossexualidade no mundo, ficam a anos-luz da realidade, porque a maioria não quer admitir a sua verdade por medo dos castigos religiosos, sociais e familiares. As tendências humanas são governadas pelo medo de sermos nós mesmos.

Um dos maiores problemas da atualidade é o aumento da população mundial. Haverá uma razão? As experiências do psicólogo norte-americano Harry F. Harlow nos anos 50 provaram que, isolando um bebê macaco, incapacitando-o de ver como os outros da sua espécie vivem, crescerá sem saber o que é sexo e, se for macho, morrerá sem nunca o ter sabido. "Eva", por ser a responsável pela reprodução e sobrevivência da espécie, tinha de ser a iniciadora, usando a sensualidade da sua arte feminina dentro da lei da seleção que lhe daria crias fortes e saudáveis. Porém, isso não era o bastante, tinha também de adquirir meios que, tanto a ela como às crias, assegurassem a continuação da vida. Por isso a fêmea tinha de usar todos os meios ao seu alcance para atrair o macho fisicamente mais atraente e mais forte, como a estender por alguns dias o seu período fértil, ou mais tarde se tornar cada vez mais encantadora para atrair o macho economicamente mais capaz, de forma a assegurar a sua própria sobrevivência assim como a da sua descendência. Assim, desde o princípio, a natureza da mulher pelo fato de ser mãe, de uma forma consciente ou apenas instintiva, a obrigou a usar a sua sensualidade para o cumprimento da sua missão: produzir as melhores espécies. Os machos não selecionados pelas fêmeas, ou porque não produziam muita caça, ou não possuíam rebanhos, terras lavradas, etc., ou porque fisicamente não eram atraentes, teriam de sujeitar-se a mulheres com menos graça, ou nenhuma. Era a fêmea quem escolhia. Na era patriarcal, os instintos do macho ferido, rejeitado e humilhado viraram o jogo. Pelo fato de o macho ser mais forte fisicamente e ao longo dos anos a fêmea já não ser a mãe dos semideuses ou heróis, os termos foram invertidos, passando o macho a selecionar a fêmea mais atraente e mais capaz de lhe dar muitos filhos, aumentando o número dos membros da tribo e substituindo a qualidade pela quantidade. Até hoje, em muitos lugares do mundo a seleção do companheiro é feita dentro deste formato; por isso, e pelas razões antes apresentadas, atualmente o planeta está superpovoado.

Quando o matriarcado foi usurpado pelo patriarca, o falo passou a ser a razão da hierarquia, embora os paradoxos culturais continuem a existir, como, por exemplo, o ponto de vista judeu, em que os laços de hereditariedade continuam sendo transmitidos pela mãe. Seriam nossos ancestrais femininos conhecedores do fato de que a mtDNA se transfere às gerações seguintes apenas por meio da mulher? É lógico que tanto o casamento como a monogamia foram criações dos patriarcas para terem a certeza de que seus herdeiros eram seus filhos, o que anteriormente tinha sido uma característica puramente feminina. No decorrer do tempo, depois da quase total destruição das sociedades matriarcais, os LGBTT também passaram a ser condenados; a homoafetividade mascarou as tendências homossexuais; a *anima* foi reprimida; os deuses deixaram de ser ou ter consortes para passarem a induzir os povos à homofobia e à misoginia. Os homens dentro da sua crueldade, violência e guerras infinitamente cruéis acabaram por ultrapassar a selvageria, o que culminou na bomba atômica e nas armas químicas. A química humana foi reprimida como algo imoral – repare, leitor, a química é a natureza orgânica, que acabou por ser submetida a um só padrão, sem nenhum leque de possibilidades, em que tudo se tornou uniforme debaixo de uma lei vã criada pela conveniência dos transgressores que legitimaram o desrespeito à diversidade e à individualidade de cada um para exercer total poder sobre as vidas e a psique humana. A seu ver, seria imperioso reinar sobre seres infelizes, insatisfeitos, ignorantes, inseguros, perturbados e frágeis para que a manipulação e o controle fossem efetivos e fáceis de administrar. O elemento fundamental da tirania representada por uma forte, mas poderosa, minoria sempre foi usar estratégias, sendo a religiosa a mais eficaz, em que a doutrina e o dogma forçam o coletivo a sentir prazer em ser dirigido por um pastor que lhe diz o que pensar, acreditar, menosprezar, condenar e aspirar. O coletivo não mais tinha necessidade de pensar. Questionar doutrinas, dogmas, teologias ou filosofias era reprovado, visto ser pecado tentar decifrar os desígnios dos deuses. A mulher passou a aceitar incondicionalmente que era a origem do sofrimento humano em virtude do pecado original, por ter comido o fruto da árvore da sabedoria, e os LGBTT reconheciam na sua angústia o peso de uma anomalia física, da culpa e do pecado a ser punido com fogos eternos criados por um deus de amor, mas sem cônjugue e à imagem dos homens homofóbicos.

Tudo e todos os que neste planeta representassem o princípio feminino – as mulheres e os LGBTT – passaram a ser imundos, culpados e criminosos, portanto sem direitos e com um só dever: obedecer ou desaparecer. Hoje não podemos dar qualquer justificativa a essa situação milenar, e a partir daqui tudo tem de mudar sem que seja como sempre tem sido feito – usando máscaras de maneira a permanecer como foi ou como está, elevando a mesmice à perfeição. A integridade e a dignidade humana nos conferem a prerrogativa de um empenho firme na exigência a que temos todo o direito, de passar de carneiros e criminosos a mulheres e homens livres.

A grandeza única do intelecto e da arte de muitos – como Leonardo da Vinci e Michelangelo – deixa traços de uma realidade proibida, mas que hoje nos ajuda a melhor entender a substancialidade do possível. No efeito da projeção psicológica podemos ver o reflexo do que proíbe a natureza humana de se manifestar e suas repercussões; e, finalmente, a misoginia e a homofobia se tocam e unem na confirmação da radical guerra morna feita pelos homens a tudo o que possui o espírito feminino.

Homofobia é uma reação de tal maneira violenta contra o amor entre duas pessoas do mesmo sexo que só me pode levar a pensar que não passa de uma estratégia do subconsciente de muitos para negar a sua própria homossexualidade. Outro ponto que se repete nas imagens que recupero do Eu cognitivo que alimenta o meu subconsciente é que a sociedade grega deixou nos seus legados a ideia de que não só a homossexualidade era perfeitamente aceita, como também que a grande maioria da população grega era homossexual. A sociedade romana não só assimilou a mitologia e algumas leis e conceitos da anterior civilização, como também a aceitação da homossexualidade – embora com diferenças, tais como em alguns casos ter passado a ser uma forma de castigo entre homens, a sodomia (palavra que vem da bíblica cidade de Sodoma), e continuou até o século XIX para definir homossexualidade. A terceira ideia que me ocorre é que em uma sociedade na qual há um alto número de gays também tem de haver um alto número de lésbicas, mas a homossexualidade feminina nunca foi considerada tão "pecaminosa", nem foi tão castigada. Portanto, volto a repetir o que disse anteriormente: a homofobia é uma reação de tal maneira violenta contra o amor entre dois homens que nos leva a pensar que não passa de uma estratégia do subconsciente para negar a sua própria homossexualidade. Pergunto-me: se na Grécia e em

Roma o número de gays constituía grande parte da população, por qual razão não o seria até os dias de hoje? Dogmas não mudam a natureza humana – apenas aprisionam a verdade de cada um.

Historicamente, nota-se que foram as religiões que reprimiram ou, melhor dizendo, estrangularam uma reação natural do ser humano. A violência é simplesmente a consequência dessa repressão que não deixa o mínimo espaço para que o indivíduo seja ele mesmo, obrigando-o a viver uma mentira até morrer. A revolta leva a dois extremos: ou à insubordinação ao *status quo* político/religioso/social ou a violentar por todos os meios possíveis aqueles que conseguem lutar pela sua liberdade e dignidade passando a ser verdadeiros e autênticos. Por fim, a inveja da mulher, ou seja, do princípio feminino que também representa metade de si mesmos, a *anima*, termina por ser punida, por isso tanta violência gratuita contra a mulher. Todas estas reações se entrelaçam no subconsciente, o que abastece a fornalha da loucura.

Vivemos em uma sociedade em que a homofobia é uma realidade muito perigosa e, em grande parte, muito bem camuflada. Partindo do princípio real de que nenhum homem que verdadeiramente ame uma mulher a trata mal ou violenta, verificamos e admitimos que um homem que abusa e maltrata a sua companheira, além de não a amar, tem um problema contra a mulher em geral. O mesmo vale para as mulheres que maltratam os homens. Conheci muitas ao longo da minha vida que apenas viviam com eles por razões econômicas e eram bem agressivas.

Quando o ódio de um homem contra a figura feminina o torna muito violento, isso deve ter uma raiz na sua relação com os seus próprios medos, segredos e sombras. Em muitos casos, demonstra que ele tem consciência efetiva de ser gay, mas não quer aceitar rejeitando-se a si mesmo. Seu martírio é não ter coragem ou princípios suficientemente dignos e honestos para se aceitar tal como é, acabando por projetar a sua raiva no outro, neste caso em outro homossexual ou uma mulher, com quem só vive para camuflar as suas ânsias e salvar as aparências. Dentro desse abuso de si mesmo, da não aceitação da sua verdade, em razão de imposições políticas, religiosas, culturais, sociais e familiares, transforma o objeto da sua intolerância em motivo para soltar o fanatismo e a intransigência que o consomem. Chega a um ponto em que qualquer pretexto serve para a violência. Nessa transposição ele descarrega o que acumulou no "gatilho", chicote, pau ou pedra com que a cultura ou sociedade o armou. Essa violência, quando leva à morte, passa a ser um ato que elimina o adversário – o outro eu –, o que lhe transmite a euforia de uma vitória momentânea sobre si mesmo. É uma luta interna entre o eu verdadeiro mas proibido, e o eu fictício imposto e permitido. Porém, esse feminicídio, finalmente considerado um crime hediondo, acaba por parecer ser uma guerra contra uma figura mitológica, como a *Hidra de Lerna*, a qual se regenera cada vez que lhe cortam a cabeça.

> **Nota da psicóloga Íria Sulser:**
>
> Michel Foucault, em *La Volonté de Savoir*, explica que entre os séculos XVII e XIX forjou-se lentamente um personagem novo, dotado de substância psicológica própria (e até, em determinados momentos, de fisiologia própria), que foi talvez o primeiro ser constituído a partir de uma chave oficialmente sexual. Tal personagem, o homossexual, permitiu abstrair um tipo social de um novo gênero, tomando como ponto de partida atos até então rudemente, porém raramente, condenados (a sodomia). Não eram mais os atos amaldiçoados por Deus que

> a sociedade punia, e sim uma identidade que ela reivindicava como causa final de tais atos, uma construção personológica racional (*Contestação Homossexual* – Guy Hocquenghem).

Como o leitor já deve ter percebido, minha proposta é muito simples. Quando a homossexualidade for aceita e verdadeiramente respeitada por todas as camadas sociais, incluindo religiões, sejam elas quais forem, haverá muito menos sofrimento e paz na nossa sociedade. Homossexualidade não é mania nem doença, mas um estado natural que não é raro nem incomum. Os gays têm de poder beneficiar-se de todas as instituições, ter inteira e completa aceitação social e usufruir de todos os auxílios e vantagens que servem os não gays. Que, além disso, todos os gays possam apresentar-se em público como qualquer outra pessoa segundo seus gostos e preferências, sem que sejam vítimas de preconceito ou sujeitos a qualquer tipo de menosprezo. Que sejam bem-vindos em qualquer lugar e assim não se inibam de mostrar quem são, sem medo ou culpa. No dia em que isso acontecer, o estupro vai diminuir imensamente. Estou totalmente convencida de que a maior parte dos estupros tem a ver com vingança, projeção psicológica e ciúme do gênero, da coragem ou da liberdade do outro.

A perversidade e a malícia de padres que abusam de crianças e mulheres, pelo fato de estas serem mais frágeis e fáceis de manipular e intimidar, é em grande parte decorrência da proibição que os votos de castidade lhes impõem, o que vai contra a natureza nata do ser humano. Os padres sabem que o voto de castidade não tem nada a ver com pureza ou espiritualidade, mas, sim, com heranças. O celibato foi mais uma forma para o enriquecimento da Igreja, uma vez que as heranças de padres, frades e freiras ficam nos seus cofres, o que se perpetua até os dias de hoje, pois, se tiverem filhos, estes serão considerados ilegítimos e não poderão herdar. Isto é o conceito de amor dos deuses que, por outro lado, condenam a homossexualidade, o prazer e a liberdade da mulher.

Muitos padres se revoltam contra a mãe ou o pai que os "ofereceram" à Igreja, o que em si é um estupro medonho. Ninguém tem o direito de decisão sobre a vida do outro. Ainda hoje, dar um filho à Igreja é como uma venda no mercado que em troca lhes garante uma vida melhor quando envelhecerem. Porém, se essa criança for vítima de estupro/pedofilia, será também a primeira a usar os hábitos adquiridos na idade adulta, a maior parte das vezes por vingança contra a mãe ou quem a estuprou, e não esqueçamos que a maior parte dos estuprados se torna estupradores e violentos.

Tudo isto nos mostra que vivemos em um mundo retardado e demente que não nos permite prosseguir na busca pela felicidade, liberdade e verdade, o maior direito da existência seja em que planeta for. Roubaram-nos o direito a sermos felizes ou a ser quem realmente somos, o que provoca o sofrimento mais atroz. Que deuses ou autoridades são esses? Não mais nos podemos sujeitar e submeter a esses dogmas e leis. Temos de demonizar o adversário. Falamos tanto em evitar o estupro e a violência, mas só temos usado remendos. Chegou a hora de limpar este mundo da demência coletiva. Como tudo isso nos leva a entender que haja um demente em cada seis pessoas e muitos deles votam, governam e ensinam. Eu até penso que há países inteiros onde todos têm um elevado grau de demência e nenhuma capacidade de raciocínio.

Um travesti meu amigo contou-me que a vida dele era um inferno, não porque lhe acontecesse algo maquiavélico, mas muito pior do que isso. Era o inferno em que diariamente a sua mente vivia. Seus pensamentos, desejos, sonhos eram massacrados dia após dia pela mentira em que vivia com medo dos pais, depois dos colegas e mais tarde dos clientes. Era médico. Sentia-se um covarde, como tantos outros que conhecia. Os sentimentos de raiva, medo, ansiedade, depressão, culpa e até malícia eram como um ácido que o queimava por dentro.

Já com quase quarenta anos, depois de uma noite terrível de luta interior, onde viveu momentos em que tinha repugnância de seus desejos, e outros em que parava extasiado em um tempo sem tempo admirando sonhos impossíveis, chorou muito. Derramou lágrimas ardentes. Ele sentia que sem ser quem realmente era não valia a pena viver. Sabia que tinha de tomar uma atitude. Muito seriamente cogitou o suicídio.

Na manhã seguinte, foi à casa dos pais e contou-lhes o que tinha de contar. A reação nem foi tão má como tinha imaginado. Depois foi às compras. Encontrou-se com um amigo em um café e conversou muito. Riram muito. Sem quase dar por isso tinha saído do closet e passou a viver intensamente. A nova vida ia além do seu pequeno sonho. Parecia que tinha entrado em uma bolha de paz e satisfação como nunca pensou ser possível. Ao relaxar deixou de pensar sempre na mesma coisa e passou a ocupar o pensamento com outros assuntos. Passou a ler mais. Realizou o sonho de ter aulas de piano e acabou por pintar como sempre desejou e não tinha coragem. A obra dele é das mais interessantes que tive o privilégio de ter visto na minha vida. Isto só prova que não devemos ter medo da vida, apenas rejeição a não vivê-la intensamente. Não há nenhum deus ou dogma com o direito de nos proibir de sermos felizes, trocando esse direito humano pelo fingimento de sermos o que não somos ou nascemos para ser.

Sexualidade, sensualidade, desejo, paixão, tudo é parte do Amor, mas o mundo está cheio de desamor. Temos de aceitar a natureza humana tal como ela é em lugar de reprimi-la, só dessa forma o estupro deixará de existir assim como a violência sexual. Que ninguém tenha de esconder quem é. Temos de acreditar que Amar nunca pode ser vergonhoso. Amar é a maior característica da Humanidade, muito mais do que adaptação e seleção, como afirmava Charles Darwin, o homem que duvidava da existência da alma no gênero feminino.

No dia em que todos os homossexuais, LGBTT, forem livres e nenhum tenha medo de sair do armário para ser e viver o que tiver vontade, o ódio, a vingança e a inveja ficarão no passado – a violência contra a mulher e contra os LGBTT diminuirá drasticamente. Precisamos criar outra civilização e para isso temos de movimentar o elemento feminino no mundo. Somos a maioria, lembra-se? Entre mulheres, LGBTT e homens de boa vontade somos a grande maioria. O patriarcado, o paternalismo, o machismo, a intolerância e a violência são pragas prestes a serem exterminadas. Tudo depende de nós. Quando não lutamos pelas nossas causas, terminamos por trabalhar nas causas dos outros, mesmo que sejam contra os nossos sonhos ou mesmo princípios.

Devíamos amar os homossexuais como amamos os nossos maiores amigos, filhos, netos, irmãos e pais. A homossexualidade terá de ser aceita de maneira que não seja preciso se assumir. Não me refiro a apenas aceitar ou tolerar. Como dizia José Saramago, "Tolerar a existência do outro, permitir que ele seja diferente ainda é muito pouco. Quando se tolera apenas se concede e isso não é uma relação de igualdade, e sim de superioridade de um sobre o outro. Deveríamos criar uma relação entre as pessoas onde a intolerância fosse inexistente".

Capítulo 7

Protagonismo Feminino

*"Nós só percebemos a importância da nossa voz
quando somos silenciadas."*
Malala Yousafzai

Há uns anos fui convidada pela Fiesp (Federação das Indústrias do Estado de São Paulo) para dar uma palestra sobre protagonismo feminino, contextualizando as dificuldades históricas que o sexo feminino tem enfrentado ao longo do tempo e em diferentes instâncias. Qualquer discurso ou oratória sobre opressão feminina seria incompleto e até sem sentido se não nos levar a conhecer o histórico daquilo que o patriarcado destruiu e usurpou, assim como o que a mulher por milhares de anos tinha conquistado e veio a perder, para que quatro milênios mais tarde se encontre novamente no processo de ascensão. Este foi o teor principal da palestra, e, quando terminei, entre as pessoas que me foram abraçar estava um dinamarquês que era o CEO de uma grande corporação internacional radicado no Brasil. Ele disse que nunca tinha ouvido falar em protagonismo feminino sob aquele ponto de vista e que tinha adorado. Foi quando me convenci de que estava a fazer algo muito certo.

Por vezes me pergunto se tudo isso não faz parte dos ciclos evolutivos que durante o período de uma raça precisamos viver para que, como a Fênix, morramos e renasçamos transformados. Dentro da lei da evolução e também segundo o que até aqui tem sido o secreto ensinamento a que chamamos misticismo, o *Homo* anterior ao *sapiens*, *Homo erectus*, provavelmente o primeiro a saber controlar o fogo, teve de fazer esforços inconcebíveis para que seu organismo e mente chegassem ao ponto de predisposição que depois nos levou ao primeiro estágio da transformação para o *Homo sapiens*. É importante falar neste passado para nunca esquecermos que o processo não termina aqui, mas que "brevemente" estaremos prontos para entrar na primeira fase do próximo *Homo*. Carl Sagan o chamava *Homo mentalis* e alguns místicos o chamam *Homo egoente*, mas o nome não importa. O importante é saber que estamos em um processo de desenvolvimento com um objetivo esplêndido.

De nada nos serve conhecer o passado, senão para entender o presente tornando-nos capazes de criar um futuro melhor e assim podermos encontrar soluções para a nossa presente condição e evitar mais sofrimento. Neste caso, temos de entender as raízes do patriarcado, pois para falar da emancipação da mulher temos de saber um pouco da sua história. A força que tem escravizado o elemento feminino é a mesma que escraviza a sua própria *anima* e também a mesma que humilha, mata e escorraça a homossexualidade. Portanto, quando se fala do princípio feminino, temos de falar desses três elementos porque representam a tríade da Força do Princípio Feminino na Humanidade, quer queiramos aceitar ou não.

Segundo a teoria da antropogênese, as raças anteriores como a Atlante eram hermafroditas, em que se encontra a perfeita união dos elementos físicos e vitais do feminino e do masculino. Na nossa raça aconteceu a separação simbolizada na costela de Adão para criar Eva que, por sua vez, lhe concedeu inteligência simbolizada pela maçã. Também, segundo a mesma teoria, mais conhecida por meio da Doutrina Secreta de Helena Blavatsky, na próxima raça haverá a tendência para a grande meta que seria voltarmos ao hermafroditismo. A finalidade do ser humano qual é? Evoluir? Sim. Mas até onde? Até a mais perfeita união com o Todo. De uma forma grosseira, eu poderia dizer que agora andamos perdidos como gotas de água empurradas pelo vento para que um dia, sem perdermos a nossa unicidade, todos façamos parte do oceano universal. Mas, até lá, temos de aprender a sermos felizes e a espalhar o bem-estar à nossa volta. Contudo, isso só se consegue por intermédio do Amor, e o Amor é a mais perfeita forma de união. É urgente usar a inteligência, o raciocínio, o bom senso e o Amor para terminar com a violência contra o princípio feminino, no qual a mulher, a *anima* e os LGBTT são um e o mesmo.

Voltando ao nosso presente: nós mulheres temos batido sempre na mesma tecla – salários inferiores, violência sexual, escravatura doméstica, anulação da vida política e social, etc. Nos últimos anos, conseguimos bastante e ganhamos muitas batalhas, mas muitas mulheres ainda não mexem um dedo na luta pela sua própria libertação nem de suas filhas e netas. Muitas pensam que sempre assim foi e assim sempre terá de ser, pois tudo não passa dos desígnios dos deuses, como é o caso da mulher muçulmana. Temos então de criar outra "tecla", a de acordar a mulher adormecida.

Nos tempos modernos, a condição em que a mulher se encontra é acima de tudo motivada pela sua aceitação e submissão às regras de um jogo que pensa serem mistérios, desígnios ou castigos divinos, ou ainda parte da condição humana. Muitas ainda acreditam em Eva e no pecado original que as leva a sentir culpa por existir. Bom dizer que a ideia de pecado original foi uma criação de Santo Agostinho nos seus diálogos com o monge Pelágio da Bretanha, e tal doutrina não existe no Judaísmo nem no Islamismo, tampouco aparece em Tabletes da Suméria, origem do Pentateuco. Por isso, repito, infelizmente a mulher é a maior defensora das leis que a aprisionam. Poderemos nós modificar o curso da História?

Todos conhecemos o trabalho de Simone de Beauvoir e a influência que o seu livro *O Segundo Sexo* teve nos movimentos feministas do século XX. Porém, na sua vida privada com Jean-Paul Sartre, Simone continuava submissa e atuava como qualquer dona de casa do seu tempo. Isto não é uma crítica, mas uma ressalva que nos mostra quão difícil tem sido e continua sendo pôr em prática a teoria e a vontade, mesmo que o princípio seja a nossa liberdade dentro de uma vida coerente.

Pelo fato de o mundo de hoje ser globalizado, onde o que acontece em um país afeta os outros, não podemos nos esquecer de que a maior parte das mulheres que habitam este planeta ainda vive sob condições inumanas, e muitas ainda sofrem as maiores injustiças e humilhações. Contudo, o que mais prejudica o futuro é o fato de que, embora não tenhamos consciência, todos somos afetados por tal ignomínia. Fechar os olhos a essa realidade torna a indiferença a pior inimiga do futuro dos nossos netos. Hoje também somos afetados por ela, mas no futuro ninguém poderá tapar os olhos com a peneira. Imaginemos apenas um dia em que venhamos a ter legisladores, juristas, governadores, prefeitos, presidentes, filósofos, cientistas e escritores que sejam religiosos fundamentalistas – tanto cristãos como islamitas, judeus ou de qualquer religião oriunda do Bramanismo. Voltaríamos à Idade das Trevas ou algo muito pior. Contudo, não podemos jamais esquecer que a Idade das Trevas ainda está muito presente neste nosso mundo.

Transcrevo aqui uma notícia de outubro de 2016: "Um painel constituído por um grupo de cientistas da Arábia Saudita chegou a uma conclusão que muito pode ajudar a vida da mulher nesse país. Esses cientistas concluíram que a mulher é na realidade um mamífero, dando-lhe os mesmos direitos que a essa espécie (mamíferos), como camelos, dromedários e até cabras. O fato de a mulher ter alma ficou dúbio, mas Jane Austin da Women's Liberation aparenta grande alegria, ao afirmar que 'isso é um grande salto no progresso do direito da mulher na Arábia Saudita e outros países da região...' e adiantou: 'De agora em diante a mulher será considerada um mamífero, enquanto antes não era mais do que um objeto similar a um utensílio para decorar a casa', e finalizou, 'As mulheres ainda estão longe de serem consideradas 100% humanas, mas a sua condição irá melhorar drasticamente com esta decisão'". Eu me pergunto: se somos humanos graças à consciência, será que pelo fato de os homens sauditas andarem sobre duas pernas são parte da espécie humana?

Fomos ensinados a sentir culpa do que somos, como o absurdo de já termos nascido com pecado e com uma índole tão perversa que só o perdão dos deuses pode nos salvar do castigo eterno. Como hoje todos sabemos um pouco do que é o poder da portentosa força da mente, torna-se fácil entender as terríveis consequências que tal absurdo provocou na psique humana ao longo de milênios. Pergunto de novo: poderemos nós modificar o curso da História, se somos o resultado dos pensamentos de milhares, centenas e dezenas de anos? Se somos o resultado do pensamento da Idade Média? Se somos o resultado do pensamento de nossos avós? Se mudarmos o pensamento, os nossos filhos e netos serão o resultado das nossas mudanças. Não podemos cruzar os braços, ficar indiferentes ou nos sentir impotentes. O poder está conosco e temos de ter tanta consciência disso como da nossa imensa responsabilidade. O que digo não faz parte de desejos, literatura ou sonho. A própria ciência já vem ao encontro da filosofia hermética. A física quântica prova que o nosso pensamento cria a nossa realidade. Quando temos consciência disso, nosso Poder Interior entra em ação e, se realmente acreditarmos, veremos que não há impossíveis.

Na minha infância, quando acordava sempre lia o que estava escrito nos vários quadros pendurados no meu quarto. Um dizia: *"A melhor forma de ensinar é dar exemplo"*, e outro: *"Não há impossíveis"*.

O que acontece neste nosso presente? É evidente que a mulher está passando por um processo apenas comparável a um nascimento. A história falará dos séculos XX e XXI como o renascimento do Princípio Feminino, tanto na mulher como no homem ou o conjunto de ambos na homossexualidade. O despertar da *anima/animus* em cada um de nós será o princípio do fim da violência. Em si isso já é a predisposição para a criação de uma nova civilização e de uma nova raça.

Será também registrado na História que esta época representa o princípio do desenvolvimento individual, em que cada um descobre quem é, passando a substituir as crenças, hábitos e modismos de pensamento que nos vêm do coletivo pelo verdadeiro uso da inteligência, em lugar de cegamente seguir o vazio de dogmas e doutrinas que apenas aumentam o sofrimento humano. A mente coletiva anula a individualidade, na qual cada um de nós é único, e sem ela ninguém se pode realizar e ser realmente feliz.

Se olhássemos o mundo de fora, diríamos que Gaia é o planeta do medo, da mentira e da irresponsabilidade. Se fôssemos um extraterrestre que visitasse este mundo, iríamos contar a nossos irmãos planetários que a Terra é habitada por seres que vivem um terrível pesadelo, e tudo criado por nós mesmos e pela ignorância de não saber quem somos. O leitor nunca ouviu falar de que tudo isto é Matrix ou um sonho de alguém? Claro que é a pura verdade, mas o criador do Matrix e o sonhador são cada um de nós. Nossos avós criaram o mundo de nossos pais, e estes o nosso. Todavia, todos podemos modificar o nosso próprio mundo e aquele que nos rodeia. Isso é sair do Matrix, da mente coletiva, das masmorras das infernais mentes dementes que nos têm usado como escravos por milênios mediante o medo. Temos de sair do jogo dos que não querem que sejamos felizes. Temos todo o direito à felicidade. Nenhum deus bom criaria um ser para sofrer. Foram os homens que inventaram tal absurdo.

Esses mesmos extraterrestres até diriam que por baixo de tanto absurdo a alma humana deveria ser algo muito grandioso e forte, visto que, apesar de tanta violência, ignorância e falta de consciência, tínhamos sido capazes de criar coisas magníficas, como a nossa música, a nossa arte e a intensidade com que desenvolvemos a capacidade de amar. Contudo, quando esses seres investigassem as nossas crenças, o mais espantoso, mesmo inconcebível, seria o fato de os terrestres não terem deusas. Como seria possível não terem deusas, as Criadoras? Dentro da sua lógica essa omissão e desapreço pelo princípio feminino, pela mulher, pela *anima* e pela homossexualidade teriam inevitavelmente de se manifestar em todos os setores da sociedade humana com terríveis repercussões. Desarmonia seria o reflexo do desiquilíbrio do planeta, em todos os níveis. Para eles, o inimaginável era a dualidade dos princípios feminino e masculino ter sido substituída pela dualidade do bem e do mal, o que deu origem ao conceito deus/demônio.

Para esses seres, a supressão do princípio feminino teria de levar a Humanidade a todo tipo de abuso e violência. A crueldade deste planeta estaria explicada, pois seus habitantes seriam obrigados a assumir personalidades para as quais não tinham nascido e que os obrigava a afastarem-se cada vez mais da sua individualidade, em que eles seriam únicos e autênticos. A revolta transformar-se-ia em demência na hostil campanha contra todos os que vivessem segundo a sua verdadeira identidade. Essa guerra sem alma levaria aos atos mais cruéis como sempre foram as guerras, e também ao abuso de povos inteiros, ao estupro, a humilhações de todo tipo, à violência e mesmo a assassinatos. E..., querido leitor, essa é a nossa realidade.

São esses que atuam dentro de princípios patriarcais tão perniciosos quanto tóxicos que ainda votam contra o aborto e outros assuntos que só à mulher dizem respeito, além de condenarem a homossexualidade sem considerarem, segundo o seu próprio ponto de vista, que os homossexuais também foram criados por seus deuses. Na mesma nota, se nos dizem que a mulher é a razão por que saímos do paraíso para viver neste mar de sofrimento, sentimo-nos na obrigação de puni-la. Ao fazer isso nos tornamos cada vez mais inativos, grosseiros e estúpidos. Ainda, se nos dizem que o útero é símbolo do centro da Terra e este é onde se encontra o inferno, temos de abominar o símbolo da Vida, e..., sendo ele tão medonho, a própria vida passa a não ter sentido. Isso nos leva a odiar a mulher e também a acreditar que a existência não tem finalidade. Por último, se a mulher é produto de um embrião imperfeito, mas só ela tem filhos, seu deus e criador é ainda mais imperfeito pois errou no formato de ambos, homem e mulher – e deuses imperfeitos só podem ter sido criados por uma mente masculina imperfeita.

Muitos dos símbolos que ao longo de milênios se transformaram em arquétipos e tomaram vida no inconsciente coletivo têm corroído a alma humana por se terem transformado na base da nossa cultura. Inevitavelmente, essa é a razão pela qual vivemos como mendigos ou pedintes em uma cultura de medo, de "culpa e castigo", de indolência, de mentira e de indiferença. Como nos dizem que deuses, santos e anjos vivem em um céu sentados em tronos de ouro e tocando harpa, mas que são os únicos que podem nos salvar de condições difíceis, a indolência toma a forma de fé, o que nos salva da culpa de sermos ociosos, de uma forma geral sem espírito de serviço, a menos que ajudar os outros nutra o nosso ego ou bolso, em lugar de tentarmos melhorar a nossa vida individual, comunal ou humana. Conduzimo-nos como se fôssemos mendigos e ficamos à espera de milagres, da graça ou dos castigos dos deuses. Será que a ambição humana realmente se restringe a copiar deuses incapazes de se relacionar com consortes, vivendo eternamente solitários, apenas refletindo a misoginia da Idade Média?

Leitores amigos, aquilo a que chamamos fé em deuses, pensando que eles conseguem o "milagre" de realizar os nossos desejos, foi o maior crime que infligiram na nossa capacidade de viver uma vida verdadeira. Ao incutir a ideia de fé em outros ou forças exteriores, retiraram-nos a capacidade de entender que, se somos protótipos divinos, temos em cada uma das nossas fibras dos nossos neurônios, das nossas células e dos nossos átomos um poder igual ao que criou os universos, ao qual chamamos Poder Interior. Em vez de esperar por milagres, temos de entender que nós mesmos os podemos realizar. Tenho fé em um mundo de igualdade e paz, mas não são deuses antropomórficos que irão implementar essa grande mudança sem qualquer intervenção humana. Se assim fosse, então por que já não o fizeram, não dizem que são onipotentes? Tais teorias só poderiam ter sido concebidas por mentes extremamente ignorantes para pessoas consideradas e transformadas em imbecis. Milhares de anos mais tarde, em uma época na qual a ciência não é mistério mas fato, o absurdo de tais dogmas só nos pode fazer rir.

Quem pode conseguir a igualdade e a paz no mundo não são deuses castigadores que vivem sentados em tronos de ouro ao som de harpas desafinadas por não estarem sintonizadas com a nossa alma e o ritmo do Universo, mas nós. Tudo está nas nossas mãos, simplesmente porque somos protótipos divinos. Seria bom curarmos a nossa amnésia milenária e, em vez de ficarmos sentados nos bancos das igrejas à espera de milagres, saíssemos para os campos – de cimento, de montanhas, de vales, de mares, de rios e florestas – e trabalhássemos nesse futuro que começa neste momento.

Nenhum deus pode sobreviver sem consorte, ou seja, sem vivificar o equilíbrio dos dois princípios masculino e feminino, como Vishnu e Lakshmi (deusa da saúde), Lorde Brahma e Saraswathi (deusa da sabedoria), Lorde Shiva e Parvathi (pais de Ganesha), Zeus e Hera ou Júpiter e Juno, Osíris e Ísis, Odin e Frigg. Eles diriam: "sem nossas consortes não seríamos deuses". Esse é o protagonismo essencialmente feminino que roubaram ao mundo, o que acabou por criar esta civilização sem nexo, tão desigual, tão desequilibrada e tão sofrida.

Todos somos deuses que se integralizam com nossas *animas* e *animus*. Já saímos das masmorras do obscurantismo e da solidão, agora temos de plantar as sementes do futuro onde hoje só há espinhos, esses que por milhares de anos nenhum deus conseguiu transformar em flores, simplesmente porque quem tem de mudar este mundo de sofrimento e injustiça somos nós, quem o criou. O nosso Poder Interior tudo pode conseguir, temos de acreditar. A fé é uma técnica para acreditar incondicionalmente, a única diferença é que quem tem o poder de transformar não está fora de nós, mas dentro do nosso ser. Temos de transpor a fé no exterior para o interior e assim seremos livres. A minha fé é a confiança que tenho no trabalho da mulher, no meu desejo de um mundo equilibrado e harmonioso, e na minha vontade em participar e ensinar o pouco que sei para a criação desse mesmo mundo.

Os heróis do passado, como os deuses da Suméria e da Grécia, transformavam pântanos em terra arável, em portos, construíam edifícios magníficos, iniciavam os humanos nas várias artes, como a escrita, a escultura, a astronomia, a matemática, a arquitetura, a agricultura, a apicultura e vinicultura (Dionísio), etc., e, segundo o livro apócrifo de Enoque, deuses e semideuses iniciavam a mulher no uso das ervas e raízes, nas artes, no uso de pedras preciosas e na medicina, o que incluía ervas que induziam o aborto. A grande diferença entre a mitologia da Antiguidade e a mitologia atual é que na Suméria, na Babilônia, no Egito e em outros lugares a mulher era respeitada. As deusas faziam parte integrante do Panteão ou do Olimpo. Elas eram veneradas e tidas como heroínas – seres a quem se deveria seguir como exemplo e tão importantes que os homens morriam por elas. Nas sociedades matriarcais quanto maior fosse o prestígio da mulher, maior seria o poder das deusas. No entanto, no atual Panteão das várias religiões da Terra, a deusa e as heroínas foram retiradas do lugar a que teriam direito. Fátima – filha do profeta Maomé – assim como a Mãe-Maria não são ativas, apenas piedosas, e no caso de Maria incoerentemente virgem e sem biografia além da maternidade. Ela não faz parte da Trindade a que teria todo o direito, como Osíris, Ísis e Hórus e muitas outras tríades e trindades mitológicas.

Para piorar as coisas, o marido de Fátima era Ali, sucessor de Maomé e xiita, extremamente belicoso, enquanto ela, Fátima, desaparecia de cena, pois só tinha sido necessária para que Ali sucedesse o Profeta. Esse era o mundo dos homens que escreveram a história.

Oh, como teria sido diferente se a história tivesse sido escrita por mulheres... Mas não foi. A forma como a mulher foi apresentada ao longo desses quatro milênios a levou a ser vista como insegura, dependente e com falta de objetividade e vontade, o que aumentou a crueldade do homem, que mesmo quando relatava eventos históricos continuou a manter a mulher no escuro baú, como se a sua atuação ao longo da História nunca tivesse tido importância ou consequências. Mesmo a vida da grande Cleópatra VII foi distorcida, e a grande sacerdotisa da deusa Ísis acabou por ficar para a posteridade como lasciva e vazia e o seu poder totalmente excedido pela perspicácia dos homens. Segundo o misticismo, Cleópatra foi uma grande Iniciada e a forma como faleceu não foi por meio de uma picada de serpente, mas, sim, de uma ordem que ela mesma deu para que seu coração parasse de bater. Ela representa o fim de uma era para que outra começasse.

Reciclar as nossas crenças é uma urgência. Esta ânsia por harmonia e alegria de viver nos obriga a enfrentar a nossa realidade bem de frente para que possamos encontrar soluções. Para isso temos de ir à raiz da cultura patriarcal e, mesmo que isso nos traga muitos inimigos, não podemos ter medo.

Quando nos apresentam algo novo, temos tendência a rejeitar. Dá muito trabalho pensar de forma diferente. Por outro lado, muitas vezes parece que fomos programados para dirigir o pensamento em uma única direção. Um grande exemplo é uma coisa que muito, mas muito me incomoda, frases como: "Fim do mundo. Temos de salvar a Terra. Estamos destruindo o planeta". De uma vez por todas, não estamos aqui para salvar o planeta, mas a Humanidade, e para isso temos de "salvar" o Princípio Feminino da sujeição ao machismo patriarcal. Se assim não for, chegaremos aos cumes mais altos da ignorância, e esta é a base da violência. Os estragos que fazemos no planeta não o matam, mas a nós que dependemos inteiramente dele tal como é. A Terra regenera-se; se não for com oxigênio, será com carbono ou hidrogênio, mas não deixa de existir. A continuidade, a perenidade, a existência linear do mundo da forma como nos encontramos não podem perpetuar-se. Sabemos que, sem mudanças radicais em nível individual e humano, a Humanidade deixará de existir dentro dos próximos dois séculos, segundo alguns cientistas menos de setenta anos. O mais arrasador é que, se virmos bem, tudo o que acontece que nos faz sofrer tem como causa a falta de Amor, e isso se deve à falta de equilíbrio entre os elementos masculino e feminino. Mesmo quando se fala de valores, nunca se tem em conta o único que nos leva à união e à paz – o Amor.

De uma vez para sempre, temos de olhar para dentro e não para fora. A Terra tem sobrevivido a milhares de catástrofes. Nem o meteoro que caiu no Yucatán e destruiu os dinossauros em todos os continentes conseguiu destruir a Terra. Esta continuou rodando e tem sido capaz de se recompor; os dinos não deixaram de existir, hoje são os pássaros que tanto nos encantam. O que corre perigo é a Humanidade. Somos nós que estamos em vias de extinção.

Quando entendermos que obrigatoriamente teremos de enfrentar a nós mesmos para resolver os nossos problemas, seremos capazes de aceitar o que para muitos continua sendo inaceitável: nenhum deus poderá nos salvar de nós mesmos, assim como nenhum deus poderá nos condenar. O que nos acontece é só e apenas o resultado da nossa ignorância, da teima em não aceitar mudanças, dos nossos apegos, das nossas inércias, escolhas e conceitos. Temos vida, inteligência e vontade, portanto temos a capacidade de encontrar soluções para os problemas que urgem ser resolvidos. Muitos, se não a maior parte desses problemas, têm as suas raízes em épocas milenares. Isso mostra a razão por que continuamos pensando e sofrendo pelos mesmos motivos de nossos antepassados. Evoluímos em tudo, mas emocionalmente ainda engatinhamos.

Repito, o maior mal da Humanidade não é a poluição, mas o desequilíbrio dos princípios feminino e masculino, cuja frustração leva à ganância e à ambição, à falta de consciência e à falta de amor, razões do nosso imensurável sofrimento.

Neste mundo instável e transitório, pensamos na mulher como um produto da injustiça do machismo e lamentamos que ninguém tenha fibra para resolver mais um problema existencial. Esquecemos de pensar e aprofundar, ir até o fundo ou raiz de princípios que se perpetuaram, mas que apesar de tudo são transitórios. O machismo também tem sido vítima da cultura e de quem a impôs aos seres humanos. Para combatê-los, temos de criar uma nova forma de pensar tendo como objetivo, e acima de tudo, a cooperação, aceitação e amor dos dois gêneros humanos em todas as suas facetas.

Por ser a mulher quem educa, ela tem de ser a primeira a modificar um pensamento inteiramente inadequado e obsoleto. Se a mulher for irresponsável, o homem também o será. Se a mulher for incapaz, inculta, mesquinha, etc., o homem também o será.

Por que temos tanta falta de verdadeiros líderes? Por que quando uma sociedade está desequilibrada nos seus dois principais componentes, feminino e masculino, as ideias chegam a um ponto de exaustão e começam a esgotar ou a repetir-se? Sem novos conceitos, não há entusiasmo. Sem entusiasmo, não há verdadeiros líderes. Sem harmonia, não há ideias renovadoras e a criatividade passa a ser muito limitada. A busca do *Gênio Perdido* é sermos capazes de sair da mesmice ou da zona de conforto e saltar para fora desse modelo repetitivo. Isso pede desprendimento, coragem e vontade. Temos de saber que é possível e que os resultados superam a nossa imaginação atual, ainda presa às lianas do passado.

Precisamos modificar as nossas crenças e deixar de idolatrar os fundadores desta terrível situação, os quais não foram deuses, mas homens. Precisamos de novos sistemas de ideias, assim como de novos códigos de vida. Por outro lado, deveríamos cuidar para que nossos filhos e netos não vejam filmes cheios de violência, ou outros filmes ou programas que mais parecem ser dirigidos a imbecis ou atrasados mentais. Temos de lhes mostrar as alegrias da responsabilidade e a volúpia que se sente quando tudo o que fazemos é tocado pela varinha mágica da excelência. Mostrar-lhes a grandeza de ir além dos limites e do bem que isso nos faz sentir. A violência e a demência coletiva foram injetadas nos nossos cérebros por meio de uma cultura inteiramente antinatural, de deusas virgens e deuses guerreiros no intuito de nos dividir e aceitar a infelicidade como parte da natureza humana. Contudo, hoje o que mais desejamos não é apenas sobreviver, mas também união. Essa que nos ajuda no nosso próprio gozo de viver e de evoluir.

Temos um compromisso: ensinar às gerações futuras o respeito por tudo e todos para que haja o equilíbrio necessário para a Grande Transformação ou Metamorfose que tanto desejamos. Nas escolas temos de trocar as aulas de moral por ética. Passar a ter disciplinas que ensinem como o cérebro funciona e qual a função da vontade. Aulas de defesa pessoal; aulas de autorrespeito, de autoconfiança, de autoconhecimento e de autoestima. Disciplinas sobre sexualidade, sensualidade, dignidade, nobreza e respeito por si mesmo e pelos outros, sejam homens ou mulheres. Precisamos que as Nações Unidas proponham que em todos os países seja obrigatório como parte do currículo escolar haver cursos de ética e direitos humanos para ambos os sexos, desde o primeiro ano do primário até o último da universidade. De que nos serve saber matemática, geografia, filosofia ou econometria, se não soubermos viver com ética e consciência?

Aprendamos a desconstruir as ideias, os conceitos, os paradigmas, as crenças e a cultura. Na reconstrução dar à mulher o lugar que ela sempre teve antes da era patriarcal e amá-la verdadeiramente para que se sinta confiante e capaz de iniciar essa caminhada tão árdua que tem pela frente. Queiramos aceitar ou não, a mulher é a candeia da Humanidade. No dia em que ela não mais defender as leis que a reprimem e subjugam, tudo o que a consome perderá a energia. Seus filhos não mais nascerão para ser soldados e caçadores, mas para construir um mundo melhor. Só assim as profecias dos deuses serão cumpridas.

Quando Zeus e Prometeu criaram Pandora, disseram que ela traria à raça humana o direito de existir e de se desenvolver, já que a razão teria supremacia sobre a violência e a Humanidade seria livre para aprender ou não aprender, o que na realidade significa evoluir ou não evoluir.

Na mitologia hindu, a mulher, Shakuntala, foi criada para equilibrar a Humanidade.

No Evangelho de Tomé – Evangelhos Gnósticos, Cristo nos diz: "Quando fizerdes do macho e da fêmea um e o mesmo... Então entrareis no Reino". Esta filosofia de Jesus sempre foi o maior tabu das Igrejas que se dizem cristãs, mas que da mensagem de Cristo não têm nada.

Partindo do princípio de que a teoria dos cem macacos representa uma realidade, sabemos que há um número mágico para uma grande mudança. Alguns dizem que quando 1% da população mundial tiver atingido um elevado nível de consciência e desejo de paz, aliado a um grande amor pela Humanidade, obrigatoriamente o resto do mundo terá de mudar. Como disse Mahatma Gandhi: "Se um único homem chega à plenitude do amor, neutraliza o ódio de milhões". É pela esperança que essa teoria nos dá que não podemos resignar-nos ou virar as costas ao sofrimento humano, como sendo um fato consumado. Devemos atuar de acordo com o quinhão de responsabilidade a que a nossa natureza humana nos obriga segundo o padrão gravado no instinto de preservação e evolução da raça. O nosso amor tem de neutralizar a violência.

É muito importante que tenhamos consciência de que as dificuldades que a mulher tem enfrentado ao longo da História, e continua a enfrentar, tiveram e têm como consequência a irresponsabilidade social, pelo fato de o paternalismo ser a guilhotina da nobreza, da responsabilidade e do livre-arbítrio. A abolição da mulher do Olimpo dos atuais deuses e do mundo executivo levou-nos a um beco sem saída, onde nos deparamos com a impossibilidade de encontrar o gênio da Criatividade. Sabemos que não é a mulher que levará a paz à Terra, mas a harmonia entre homem e mulher, assim como a harmonia da *anima* em cada um, e o total e ilimitado respeito pelas escolhas que cada um possa fazer. Muitas mulheres têm sido e são cruéis, iniciativa que tomam por opção em um mundo masculino, mas tanto a crueldade feminina como a masculina tendem a diminuir com o equilíbrio de forças que aparentam ser opostas, mas que na realidade são complementares.

A mulher nunca poderá desenvolver-se sem a ajuda do homem e este nunca deixará de ser violento sem a ação consciente e ativa da mulher no papel que ela tem na sociedade de lutar pelos direitos de seus filhos e filhas, não importando que tendência sexual possam ter. Essa luta vem de uma consciência a outro nível e é muito mais do que uma atitude cívica, para ser uma luta pela sobrevivência e desenvolvimento da psique humana.

Sem o equilíbrio dos princípios masculino e feminino, seremos apenas uma espécie selvagem e em extinção. O nosso alvo é desfazer a intriga milenária de sacerdotes, deuses e reis, quebrando a divisão a que nos sujeitaram e subordinaram por milhares de anos. Chegou a hora de sermos verdadeiramente responsáveis e tomarmos as rédeas da nossa existência, a qual só tem um objetivo: a realização individual no caminho da evolução.

Tudo o que existe é uma imagem microcósmica do macrocosmos, assim como tudo tem um princípio biológico, físico, matemático e rítmico. Na natureza encontramos exemplos e soluções sobre tudo o que nos rodeia. Para autenticar o que acabo de dizer vou dar o meu exemplo favorito de união: um simples cristal de sal de mesa contém dez bilhões de átomos de sódio e cloro. Esses átomos estão sujeitos às leis da natureza sendo a razão da regularidade do movimento e existência do Universo. O que são esses átomos do cristal de sal quando separados? O cloro é um mortal gás venenoso. O sódio é um metal corrosivo que queima em contato com a água. Juntos são a base elementar da vida.

Dois seres na sua fusão física formam vida. Na fusão integral e magnética de suas almas e do seu amor também provocam outro nascimento, esse que ainda não sabemos sonhar, mas que seguramente nos encaminhará a outro plano de existência. A isso os gregos chamariam a suprema harmonia dos opostos.

Pensemos nisso no silêncio da nossa intimidade.

Sejamos o exemplo vivo de que não há impossíveis.

Capítulo 8

Da Fênix Renascem Deusas

"Como podes ressurgir se ainda não te incendiaste?"

Hiba Fatima Ahmad

Leitoras e leitores queridos, eu sinto esta grande vontade de dizer que não podemos abandonar a esperança. Não podemos gastar ou perder um único momento das nossas vidas abraçados à desilusão, à destruição, à ruína, à mágoa, à amargura, ao ressentimento e ao desespero. A vida é demasiadamente preciosa e mágica, e cada um de nós tem um caminho especial e exclusivo a percorrer. Esse caminho tem alguns pontos difíceis, por vezes parecem intransponíveis, mas essa superação nos enriquece com vontades e compreensões únicas. Não podemos nos reduzir à mesquinhez que tanto nos fez sofrer a pior humilhação, a afronta mais degradante de tudo o que possa existir, o roubo do que temos de mais sagrado e o abandono mais profundo. Apesar de tudo isso devemos acreditar que nada é insuperável.

Depois de muito pensar no sofrimento humano, sei que temos de olhar o mundo desconsiderando raças, classes sociais, gêneros ou preferências sexuais, pois todos somos uma só raça, uma só humanidade e um só amor. À escala do Universo e da nossa História, esse tipo de discriminação é ridícula, grotesca, absurda. A nossa indignação tem de nos unir e nessa união iremos superar tudo onde o amor não esteja incluído. Temos de nos amar e permitir que os outros se amem – o Amor é como o sol, nasce para todos sem preconceito. O importante é amar, não importa a quem, mas que amem. Homem e mulher não são raças nem seres diferentes, são sim o complemento um do outro, cada um com as suas próprias características. As almas gêmeas nem sempre nascem em gêneros diferentes! Temos de iniciar novos caminhos que criem novas situações e conceitos para estender a todos os corações a necessidade de desenvolver a maior característica humana, o Amor. Os nossos preconceitos só criaram desamor e chegamos a este ponto de violência que mais parece que estamos vivendo no inferno que em um planeta tão lindo. Temos de deixar de procurar os nossos reflexos no espelho, mas fazer essa procura no cosmos interior, banindo o ódio e o ressentimento. Sei que é necessário um grande esforço, mas podemos conseguir se apelarmos a novos recursos, novos méritos, novos talentos, novas virtudes e novas forças, para redimir a mancha que alguém colocou no nosso cerne e com isso resgatar o humanismo que o lado pestilento da Humanidade também encerra. Temos de despertar para a magnificência da extraordinária dádiva que nos torna protótipos divinos, a nossa consciência e a capacidade de Amar. Essa consciência pode ter sido abalada, mas não deixou de ser parte de outra muito maior do que Tudo. Não a podemos vandalizar com o nosso desespero, a nossa cólera ou ódio, pois isso seria continuar o trabalho destruidor de quem nos estuprou. Como sempre, tudo é uma escolha. A nossa escolha pessoal. O único estorvo, obstáculo ou pedra no caminho somos nós mesmas. Não podemos ficar na esfera do lamento, da autopiedade e da inércia. Temos de reagir e acreditar que o nosso direito a sermos felizes e realizadas não pode ter sido roubado por um ser inferior, ignóbil e revoltante. Somos muito superiores a isso. A nossa escolha fundamental é a nossa determinação. Temos de reagir, temos de viver ainda com mais vontade. Acredite, não é difícil. Basta querer com todo o vigor. Iremos tecer um tapete muito colorido para afastar todas as forças da escuridão e o mundo seguirá nosso exemplo, pois tudo o que fizermos será com aprumo e dignidade. Sob os fundamentais princípios humanos, seremos julgadas, e o transgressor será quem nos condenou. As leis universais são muito superiores às leis humanas que nos oprimem para nos escravizar por meio do sofrimento. Contudo, nunca se esqueça, querido leitor e querida leitora, não nascemos para sofrer. Nascemos para ser felizes, ter prazer em viver com tudo o que a vida nos dá e evoluir. Essa história de que só pelo sofrimento se pode ganhar o céu é pura mentira. Temos de descontruir todos os conceitos que nos oprimem a alma e a vida. O nosso deus não é o "Senhor dos exércitos", mas a Força Vibratória Universal do Amor. Viu a diferença? Qual tem mais lógica? Este é o momento da História humana em que o trigo e o joio se dividem e só um pode sobreviver. O joio pode ganhar, tudo depende de cada um de nós. De cada lado do mundo temos dois grupos, o da violência e o do Amor. Não podemos ficar na plateia, temos de escolher. Repito, o essencial é não esquecer e acreditar nas sábias palavras de Mahatma Gandhi: "Se um único homem chega à plenitude do amor, neutraliza o ódio de milhões".

No decorrer da criação destas páginas, ao descrever o que aconteceu comigo, parecia que falava de "outra eu" ou "uma eu de outro passado" enquanto documentava o que "há muitos séculos" tinha acontecido comigo. Sou eu, mas também não sou eu. Creio que tudo superei graças ao maravilhoso trabalho mental que fiz depois desses incidentes em minha vida. Para isso não tive ajuda profissional nem contei a nenhum guru o que tinha acontecido, apenas fazia perguntas aparentemente genéricas no intuito de acionar o meu Poder Interior com pensamentos que me levassem a sair daquele estado de espírito e superar-me. Eu tinha uma visão do que queria ser e fui. Hoje sou o que nessa altura era como protótipo.

Sinto profundamente o peso das minhas palavras, acredito nelas e penso, "se o mundo acreditasse...". O estupro não é só quando há introdução, basta obrigar a mulher a usar burca transformando-a em um cabide *"estuprável"* para lhe roubarem todos os direitos de Ser, ou prendê-la em casa mesmo que ela guarde a chave da porta, que não usa com medo das ameaças e da sociedade. Eu sei, tenho certeza, e em parte já pode ser provado, que o estupro feito ao planeta, arrancando as suas árvores sem replantar; poluindo as suas águas salgadas e doces sem limpar; negligenciando o ar que todos e tudo respiram; diminuindo cada vez mais os seus recursos; o ódio contra os nossos iguais; a violência da família aos vizinhos, às ruas e à guerra; os conflitos sectários desconsiderando e desprezando as suas consequências nas crianças, obrigando-as a reagir da mesma forma e criar os mesmos ódios; as mentes estreitas dos fundamentalistas, não importa de que religião; chauvinistas cruéis que saciam o seu ódio em nome de seus deuses; os corruptos ambiciosos de bens materiais e poder; os fraudulentos que cada vez mais criam miséria e escravidão ao redor do planeta, consumindo cada vez mais a energia de outros seres humanos, como se vampiros bem reais e concretos fossem na sua desumanidade; e a apatia dos que olham as guerras e o que se passa neste mundo indiferentes aos milhões que morrem de fome, que nunca tiveram uma mãe que lhes lesse um livro, um pai que os levasse a passear de bicicleta no parque ou pessoas que sofrem de uma forma excruciante, não podendo ser elas mesmas, como é o caso dos homossexuais. Eu sei, como dizia anteriormente, eu sei que no dia em que a mulher, ou seja, o Princípio Feminino deixar de ser estuprado, Gaia também o será. Todos os seus filhos poderão finalmente evoluir em paz e de acordo com a sua natureza e a vontade de suas almas.

    Enquanto a mulher não reconhecer que tanto pode curar a Humanidade como levá-la à UTI, nada pode ser feito. Talvez seja duro admitir que atualmente a culpa também é nossa, mas é a única solução – devemos enfrentar a nossa realidade e mudar o que tem de ser modificado. Educação, valores e conceitos, tudo tem de ser revisto. Não mais podemos ser massacradas pela culpa e pelo medo, pela ignorância e pela falta de liberdade. Hoje temos à nossa disposição o que no mundo atual significa "Poder" – informação. Essa informação é a grande arma que temos contra o abuso e a violência, pois transmite conhecimento e proporciona meios que nos ajudam a resolver esta situação tão absurda na qual nós mulheres temos sido consumidas e sofremos as maiores crueldades. Hoje, em muitos lugares do mundo, já podemos renascer das cinzas do nosso sofrimento mais belas e coloridas do que nunca, mas não podemos esquecer as que ainda sofrem, e devemos continuar lutando por elas.

    Parte das coisas que atualmente muito me incomodam são os equívocos ou mal-entendidos sobre o que é ou não machismo, assim como a descaracterização da família. Desde a Pré-história o dever de proteger faz parte da integridade física de crianças, de mulheres e dos próprios homens. Aquele que por natureza é fisicamente mais forte deve ser o principal protetor, mas as tribos sempre foram protegidas tanto pelo homem como pela mulher, por vezes de maneiras idênticas e outras de formas distintas. Mulheres também caçavam e homens também colhiam quando era necessário e possível, pois tanto a caça como a colheita eram trabalhos comunais. Os homens dedicavam-se mais à defesa de outras tribos e de animais selvagens. O que sempre esteve acima de tudo foi a integridade física da família e da tribo. Esta para sobreviver teria de ter mais natalidade do que óbitos e todos os membros da tribo trabalhavam para esse fim. A responsabilidade pela sobrevivência da tribo ou da família era instintiva, ou seja, uma aptidão natural que germinava como uma força suprema para a continuidade da vida. Portanto, tanto nessa altura, como ao longo da História e nos dias de hoje essa atitude não é machista, mas um investimento no futuro. O homem é o protetor no que fisicamente pede mais força ou esforço, e a mulher onde requer mais atenção, paciência ou outras vocações. Ambos se completam e trabalham para o mesmo fim. A família representa uma tribo desde os bisavós até os netos, em que os mais ativos são os pais das crianças. Uns com sua experiência de vida também imprescindível para evitar grandes erros e outros com a força da juventude, suas inovações para o aprimoramento e facilitação dos acontecimentos ou problemas diários. Esse cuidado mútuo também não é machismo, mas amor, na luta pela união e bem-estar da família. Esses cuidados incluem o carinho e o agrado para que o outro se sinta amado e confortável, o que vai muito além daquilo a que chamamos "qualidade de vida". Por isso não podemos entrar nas variáveis do exagero, como condenar um homem por abrir a porta do carro, tirar a cadeira para que a mulher se sente, oferecer-lhe um presente, um jantar, etc. Nós mulheres hoje também somos livres para fazer o mesmo quando a situação se apresenta. O importante é que ambos sejam independentes economicamente para que nada seja recebido por necessidade, mas por gentileza e carinho. É isso que torna uns mais felizes que outros. Sim, leitor e amigo, ainda vivemos em tribos, umas, menores, e outras, maiores. Por isso, temos de ensinar nas escolas que os meninos devem ser responsáveis pela integridade física das meninas, o que é uma capacidade que a natureza lhes deu no processo evolucionário, e as meninas têm de parar de pensar que ter filhos sozinhas é sinônimo de serem guerreiras. Não, isso é sinônimo de fraqueza e imbecilidade, pois abre a porta a muitos tipos de violência, incluindo estupro e crianças criadas com faltas de todo o tipo. Na Pré-história, quando uma mulher ficava grávida a criança passava a ser responsabilidade de toda a tribo. No mundo moderno, entre os jovens, principalmente quando a mãe é menor de idade, o pai é o primeiro a abandoná-la, os vizinhos criticam e os avós não aceitam e, se aceitam, na maior parte das vezes a criança está condenada a não ter uma boa educação, tanto em casa como na escola em razão de deficiências materiais e sociais.

A solidão é um dos grandes males da nossa era e parece que o exagero a que nos entregamos em nome do politicamente correto nos está levando cada vez mais para fora do nosso centro, da nossa tribo e da nossa intrínseca humanidade. Estamos a ficar cada vez mais plastificados, insensíveis e criamos sociedades paralelas totalmente anestesiadas por novelas, *Big Brothers*, libertinagem, eletrônica, consumo, inveja e lavagem cerebral, sem tempo para dormir o suficiente, sair com amigos, rir, ler, ter momentos de silêncio ou de contemplação. Isso nos leva a não valorizar a vida e daí o frenético aumento da violência física, verbal e mental.

Combater a violência contra a mulher é fundamental, mas não devemos descaracterizar a família. Isso jamais seria um combate ao machismo. Antes, pelo contrário, seria a desintegração da nossa sociedade e a decadência total do gênero humano. Já ouvi mulheres dizerem que temos de curar o macho, temos sim de curar os filhos, mas não podemos desejar que os homens pensem, atuem, ajam e sintam como nós. Como os poderíamos amar? Somos diferentes, e viva a diferença! É a nossa diversidade que nos enriquece e engrandece a vida em comum e a criatividade humana. Por último, jamais se deve menosprezar o homem, não tentar fazer com ele o que fizeram conosco ou desrespeitá-lo. Como uma andorinha só não faz a primavera, a mulher por si só nunca poderia humanizar a Humanidade e abrir o caminho para uma nova raça. Temos de dar as mãos aos nossos filhos, companheiros, sobrinhos, netos, familiares e amigos; e, dentro dessa união com o propósito de criar um mundo mais harmonioso, fazer tudo o que for possível para que as escolas e as religiões não destruam o nosso trabalho.

A todas as mulheres de todas as idades e aos homens de boa vontade, quero finalmente dizer que sinto no mais profundo do meu ser a nossa incomensurável responsabilidade e a nossa determinação em encetar um novo caminho. Eu sei o que é a dor excruciante da rejeição e da humilhação e também sei que muitos irão rir e escarnecer das nossas pretensões, mas não podemos ficar na janela vendo a caravana passar. Hoje em dia eu já não luto por mim, cheguei aonde tinha de chegar, mas por vocês e pelas que hão de vir continuo a sonhar...

Neste livro, expus-me como nunca, o que vai muito além das palavras. Estas folhas são mensagens dirigidas a todos, homens e mulheres. Esta luta na qual não poderemos ter perdedores é essencial para curar este planeta tão sofrido, pois derrotados somos todos nós – hoje, neste agora, sejamos homens ou mulheres. Como disse antes e tantas outras vezes, a mulher é sem dúvida a candeia da Humanidade. Temos de colocar mais lenha nessa chama para que ela ilumine todos os caminhos, todas as mentes e todos os corações. Temos de lutar com a certeza de que a justiça e o amor irão prevalecer, pois o Amor é a mais forte de todas as forças universais. Acreditem que, quando a vontade transcende o comum, o Eu passa a não ter limites.

Perguntaram-me sobre perdão. Quem sou eu para perdoar ou não? Poderia pensar que o problema nunca foi meu. Simplesmente fui a vítima, mas tanto eu como eles fomos e somos parte desta cultura. Também ensinei a meu filho que para ser um homem de verdade ele não devia chorar. Naquela altura eu era demasiadamente jovem e ignorante, mas aprendi e ele também evoluiu, e muito. Portanto, ao olhar para trás noto que o meu coração está tranquilo, contente e em paz. Não tenho nada com que me preocupar, pois não sou o que está aquém ou além de mim, apenas sou o que fui e superei – hoje sou o que está em mim e tenho consciência do que me pode transcender. Não tenho nada a reclamar, apenas tenho de ir – ir em busca dos sonhos que ainda tenho para mim e para os outros.

Erich Fromm dizia que "a violência cura-se com criatividade. Fomos criados para criar e quem não for criativo sofre muito porque se sente bloqueado". Pitágoras dizia: "Educai as crianças e não será preciso punir os homens". A violência tem cura, mas só um amor verdadeiro pela Humanidade nos pode libertar. Nos anos 70, via-se por todo lado uma frase na época proibida – principalmente pelo governo de Portugal embebido na guerra colonial, e nos Estados Unidos enterrado na guerra do Vietnam –: "Faça amor não faça guerra". Hoje dizemos, "Mais amor menos violência". O importante é amar. Não importa a quem. O amor não tem regras nem obrigações, nem preconceito nem restrições. Quando o amor acontece, entramos em outra dimensão, e essa apenas o verdadeiro amante pode entender. Sabemos que só o amor pode combater o desamor daqueles que condenam quem ama por não terem a capacidade e a coragem de amar sem restrições. O amor verdadeiro é uma entrega, uma renúncia, uma vertigem, e nem todos têm a audácia de querer passar por essa antecâmara da união com o todo. Porém, eu sei e sinto que só o amor sem preconceito e condenações pode salvar a Humanidade.

Mulher, Quem És?

Há quatro mil anos as deusas caíram do altar enquanto as cidades matriarcais foram selvagemente destruídas, mas apesar de tudo a deusa continuou reinando. A nossa autoestima foi arrasada, a autoconfiança denegrida e o autoamor condenado. Precisamos que a história reviva e revitalize o autoconhecimento para sabermos quem somos e visualizar o caminho a seguir sem inseguranças, culpas ou medos.

Arqueólogos traçaram a adoração às deusas até as comunidades do Neolítico, nove mil anos atrás, e a algumas culturas no Paleolítico Superior, vinte e sete mil anos atrás. A Bíblia mostra que até a época de Abraão, a adoração às deusas era um fato. O culto da Mãe Deusa era geral, principalmente nos locais de gravetianos-aurignácios, e ia tão longe como a Península Ibérica, França, Alemanha, Tchecoslováquia, Áustria e Rússia. Os aurignácios, caçadores de mamutes, habitavam os imensos territórios da Eurásia, que ia do sul da França ao Lago Baikal na Sibéria. A paleontologista russa Z. A. Abramova fez uma citação no livro de Alexander Marshak, *Raízes da Civilização*, na qual mostra que na religião do Paleolítico a imagem da mulher-mãe era complexa: "Não era só uma deusa, um ídolo, ou a mãe do deus; era a Mãe-Clã, por isso a ideia de matriarcado reflete-se nas figuras femininas encontradas por toda essa região". Na Micronésia, a mulher era considerada superior ao homem, social e politicamente.

A ideia de uma Mãe Divina é um dos símbolos mais antigos e universais, por meio do qual o ser humano se tem relacionado com o sagrado. A sua forma varia segundo as culturas e tradições. Por vezes bem concreta, como Kali, Ishtar e Ísis; outras, a divina criadora de toda a existência, como Nut no Egito. Outras ainda como Yoruba ou Oyá, africana, tomando a forma de coisas naturais como o Rio Niger, tornados, búfalos, fogo, vento; ou Iemanjá, deusa do mar, da cultura afro-brasileira; deusa da fertilidade como Ixchel, principal deusa dos maias; Criadora do Universo e da vontade, como Prakriti na Índia; outras mais abstratas como Yin, da filosofia taoista; outras, como a mulher em mutação, como nas culturas dos índios Pueblo. Outras, semideusa como Brunilda da mitologia nórdica representando a luz que ilumina o caminho; outras ainda como rainha, a Rainha do Sabá dos judeus. Ela é Gaia, nas suas mutações, na sua beleza, na sua fertilidade. Ela é Sophia, Sabedoria; ela é a criadora, poesia, medicina, vibração, música e musa da alegria ou deusa da Liberdade e da Verdade. Ela é mulher e homem. Ela é inspiração; ela é o sonho que nasce da escuridão; ela é a que integra, a que dá, a que salva e também a que denuncia, porque ela é a luz da Humanidade. Por isso a Mãe Divina é a ponte entre a violência e o amor, a Humanidade e o Sagrado. Ela está em cada ser humano e cada ser humano está Nela.

Lugares de adoração à Virgem, como Fátima e Lourdes, são cada vez mais visitados, sendo muitos dos visitantes de outras religiões, como protestantes e muçulmanos. A necessidade de milagres alarga-se e expande-se além do Catolicismo. Isto porque o ser humano ainda não sabe que os milagres vêm do seu próprio Poder Interno e, como tal, procura-os fora de si. Contudo, o ponto mais importante destas romarias, e a facilidade com que tantos adoram Maria, é o resultado da manifestação da Mãe Deusa gravada há milhares de anos como principal arquétipo da Humanidade. A Deusa toma muitas formas, e algumas escondem os seus atributos; o importante é que prevaleça a imortalidade do seu poder, porque a Mãe Primal nunca abandonará a Humanidade.

Muitos autores defensores de diferentes perspectivas tentam hoje restaurar as energias da Mãe Terra e suas filhas, como Lynn V. Andrews com a sua mentora, uma índia americana. No entanto, não são só as mulheres que clamam pela harmonia e equilíbrio da polaridade humana, mas também os homens, de todas as camadas sociais e de todos os países. O *Knight* Henry Rider Haggard no seu livro *Ela* afirma por intermédio das palavras da deusa, escondida em África há mais de dois mil anos:

"Não creias que me torne cruel, ou que me vingue de coisas tão baixas...". Quando Henry Miller analisou *Ela*, chegou à conclusão de que simboliza um castigo da natureza, em que a evolução involui. Miller estava quase certo. A deusa, ao esconder-se e por vezes transformando-se em um macaco, parece involuir e com Ela a natureza humana parece retroceder; mas ainda Haggard nos diz pela boca da deusa: "Apenas há uma esperança nesta noite de desespero. Essa esperança é o Amor!"

Querido leitor,
ame muito não importa a quem.
Temos de nos incendiar.

MADRAS® Editora CADASTRO/MALA DIRETA

Envie este cadastro preenchido e passará a receber informações dos nossos lançamentos, nas áreas que determinar.

Nome _____

RG _____ CPF _____

Endereço Residencial _____

Bairro _____ Cidade _____ Estado _____

CEP _____ Fone _____

E-mail _____

Sexo ❑ Fem. ❑ Masc.   Nascimento _____

Profissão _____ Escolaridade (Nível/Curso) _____

Você compra livros:
❑ livrarias   ❑ feiras   ❑ telefone   ❑ Sedex livro (reembolso postal mais rápido)
❑ outros: _____

Quais os tipos de literatura que você lê:
❑ Jurídicos   ❑ Pedagogia   ❑ Business   ❑ Romances/espíritas
❑ Esoterismo   ❑ Psicologia   ❑ Saúde   ❑ Espíritas/doutrinas
❑ Bruxaria   ❑ Autoajuda   ❑ Maçonaria   ❑ Outros:

Qual a sua opinião a respeito desta obra? _____
_____

Indique amigos que gostariam de receber MALA DIRETA:

Nome _____

Endereço Residencial _____

Bairro _____ Cidade _____ CEP _____

Nome do livro adquirido: **Metatron**

Para receber catálogos, lista de preços e outras informações, escreva para:

MADRAS EDITORA LTDA.
Rua Paulo Gonçalves, 88 – Santana – 02403-020 – São Paulo/SP
Caixa Postal 12183 – CEP 02013-970 – SP
Tel.: (11) 2281-5555 – Fax.:(11) 2959-3090
www.madras.com.br

MADRAS® Editora

Para mais informações sobre a Madras Editora, sua história no mercado editorial e seu catálogo de títulos publicados:

Entre e cadastre-se no site:

www.madras.com.br

Para mensagens, parcerias, sugestões e dúvidas, mande-nos um e-mail:

marketing@madras.com.br

SAIBA MAIS

Saiba mais sobre nossos lançamentos, autores e eventos seguindo-nos no facebook e twitter:

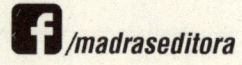

@madrased

/madraseditora